【修身处世之经典 治家教子之良方】

省心杂言

中国修身第一书

【宋】李邦献◎著
于东新 陈启明◎释评

经济日报出版社

前言

《省心杂言》是一部阐述“立身处世之精要”的书，书中“皆箴规训诫之辞”。

作者李邦献（生卒年不详），字士举，宋代怀州（今河南沁阳）人。他是一个自觉修身养性、懂得廉洁自律的好官、好人。其生活和为官之时，正值两宋之交。国家危难之时，他清廉做人、勤勉做事，其人生轨迹可粗略勾勒如下：

李氏生于北宋末年“太平之世，富贵之家”，中经“靖康之难”，由北方颠沛流离而至南方。从政后，竭忠尽智，清正廉明，对自己往往内省戒慎，努力践行曾子“吾日三省吾身”的“内省法”。他还特别注重“慎独”，提出“坐密室如通衢，驭寸心如六马，可以免过”，认为只有如此修身，才能俯仰无愧，堂堂正正地为官为人。他别号“省心子”，足见其对“省心”的重视程度。

本书的成书既是李邦献平日修身处世的心得，更是他清廉自守的明证。据说他常将警戒自己或有得于心的人生体验，书写于墙壁之上，以为“座右铭”。这种方法，既鞭策了自己，同时又教戒子孙。他之所以律己甚严，一是受宋代理学的深刻熏染，二是同他的家族经历不无关系。其长兄李邦彦，是北宋末年的奸臣，北宋灭亡和他大有干系。南宋初建，宋高宗将其贬谪浔州，后死于桂林。如此“千夫所指”、贪贿误国的奸臣，对李邦献家族不能不形成巨大的遗羞。所以李氏立身处世分外严谨，终获“清廉”美誉。从正反两方面，他把人生的体验提炼为格言警语，就显得分外深刻独到，亦可谓字字血声声泪，无疑具有当头棒喝的醒世意义。

《省心杂言》中的每一条，都是围绕作为一位“君子”应如何立身处世而发，大旨是讲如何修身治家以及入世为官后如何自律、防微杜渐，多有感而作，属于“格言”一类著述。两宋理学家多仿孔子《论语》而作语录体著作，著名的像《二程语录》(程颢、程颐著)、《朱子语类》(朱熹著)等，其体式多以语录问答方式来表达思想主张，本书也与此一脉相承。其思想倾向，《四库全书总目》归为“儒家类”，究其源流更接近于“程朱理学”。纵观之，全书内容约略有三：

其一，作为士君子要有忧患意识。南宋于国破家亡之后，偏安一隅，外有强敌，内有困顿。正如孟子所说，如果没有危机意识“入则无法家拂士，出则无敌国外患者，国恒亡”，所以李邦献说：“恐惧者修身之本，事前恐惧则畏，畏可免祸；事后而恐惧则悔，悔可以改过。”又说：“心可以逸，形不可不劳，道可乐，身不可不忧。”即所谓生于忧患死于安乐。

其二，全书以大量篇幅讲述了士君子如何“修身而守道”。李邦献提出：“仁义忠信本自修”，自修就要“知止”，即最后要达到“至善”。这个“善”不出忠孝仁义廉耻，而以忠孝最为首要，忠孝之中，孝又为先。所以他说：“父之教子必以孝，君之责臣必以忠。子不子，臣不臣，安则为之?”他反复强调“宝货用之有尽，忠孝享之无穷”“孝弟忠信之在身，犹金玉宝货之在室”“孝悌之子可以为家瑞”。修身为本，齐家是修身的延伸，在此基础上方能从政，所以他总结道：“为政之要曰公与勤，成家之要曰俭与清。”

士人修身入世后，在人生道路上常面临许多问题，譬如义与利、理(情)与欲、富贵与命运、入世与出世等的矛盾纠结，其中最突出的是义与利的问题，如贪求富贵，见利忘义，就会沦为贪官，而恪守清廉就会清贫。李邦献用格言警句谈了自己的心得，他说："知足则乐，务贪则忧""功名官爵、货财声色，皆谓之欲，俱可以杀身""轻财以聚人，律己以服人，量宽以得人，身先足以率人"等。李邦献严守朱熹"义利之说，乃儒者第一义"的主张，认为安贫乐道、淡泊明志是起码的人生态度，而舍生取义、杀身成仁则是士人追求的最高境界。正因如此，他成为了南宋一代清廉耿介之臣。

其三，《省心杂言》最值得一提的是李邦献对子女的训诫。他指出："教子弟无他术，使耳所闻者善言，目所见者善行，善根于心，则动容周旋无非善。"在如何为子女着想的问题上，他再三强调："以德遗后者昌，以祸遗后者亡""以忠孝遗子孙者昌，以智术遗子孙者亡"。他所说的"以祸遗后者"，就是"聚敛财富"，所以"为子孙作富贵计者，十败其九"，财与富贵对于子孙，往往使其耽于声色犬马，生活腐败，必然败家亡身，因此他疾呼："广聚积者遗子孙以祸害，多声色者残性命以斧斤！"为子孙计，与其广聚金钱财货，不如以身作则教其为善与真正做人，家世的美德与向善精神是留给子孙最宝贵的财富。这些教诫，对于今人来说，实在大有价值！

《省心杂言》自问世以来，先后以《省心录》《省心杂谈》《省心诠要》等名称，流传于世。由于它贴近人们的生活与思想实际，加上又以哲理性的格言警语表达思想见解，掩卷使人警醒，因此该书颇受欢迎，多次翻刻，广为流传。南宋时，该书传到临安（杭州），有人以为作者是林逋（林和靖），还有人考为尹焞，明人宋濂又误认为是沈道原。清代《四库全书总目》的馆臣，根据《永乐大典》本以及宋版原本，定为李邦献著。今读宋本《省心杂言》之南宋诸人的序以及李邦献孙李耆冈、四世孙李景初的《跋》，可以确定李邦献是本书的作者。

于东新

目录

省心杂言原序

省心雜言原敘

夫入德之門莫大乎知知斯能至知而不至者有矣未有不知而能至者也是以教雖多術一言以蔽之曰知故有志於天下國家者亦以致知為本寓直敷文閣領天台祠事河内李公知而至之者昔獲見之於夔峽今三十年公日以通顯分符將指歷官中外至八易使節凡可以利民為國有知必為嘗因將漕帝畿數被召對竭忠以告上省費以紓民力行所知不少遜避故於仕

序

夫入德之门莫大乎知。知斯能至，知而不至者有矣，未有不知而能至者也。是以教虽多术，一言以蔽之，曰知。故有志于天下国家者，亦以致知为本。寓直敷文阁领天台祠事河内李公，知而至之者。昔获见之于夔峡，今三十年，公日以通显，分符将指，历官中外，至八易使节。凡可以利民为国，有知必为。尝因将漕帝畿，数被召对，竭忠以告。上省费以纾民，力行所知，不少逊避，故于仕已而无喜愠，俯仰而无愧怍，然以是受知于君，亦以是取异于世，其表着于时者如是。

有松楸在巴蜀，将归，过九江以《省心杂言》一编相示，皆平昔铭诸座右者，曰：每患知之弗至，有得于心，輙榜之壁以自警。儿辈录而藏之，积之久至如此。虽然其敢示他人哉？姑欲付子孙以见吾志云耳。于戏，今而后乃知公之表着于时者之所自也，其多至数十百章，旁见杂出，从容中道，无所不用其极。非明于忧患与故知至而至之者不能。如已试之医方，已储之寶聚，盍广其施，俾人得而知诚意正心，推之以及于天下国家，是乃竭尽所知，报上化俗之一端，而亦公所当任也。

绍兴庚辰八月初吉，庐阜老圃祁宽谨序。

省心杂言原文

简言择交，可以无悔吝，可以免忧辱。
无瑕之玉，可以为国器。孝悌之子，可以为家瑞。
为政之要，曰公与勤。成家之道，曰俭与清。
闻善言则拜告，有过则喜，非圣贤不能。
宝货用之有尽，忠孝享之无穷。
和以处众，宽以接下，恕以待人，君子人也。
坐密室如通衢，驭寸心如六马，可以免过。
谗言巧，佞言甘，忠言直，信言寡。
多言则背道，多欲则伤生。
语人之短不曰直，济人之恶不曰义。
好胜者必争，贪荣者必辱。
知足则乐，务贪则忧。
好名则立异，立异则身危，故圣人以名为戒。
内睦者家道昌，外睦者人事济。
不匿人短，不周人急，非仁义人也。
心不清则无以见道，志不确则无以立功。
结怨于人，谓之种祸。舍善不为，谓之自贼。
诺轻者，信必寡。面誉者，背必非。
孝于亲，则子孝。钦于人，则众钦。
声色者败德之具，思虑者残生之本。
为善不如舍恶，救过不如省非。
欲不匮，则博施。欲长乐，则守分。
广积不如教子，避祸不如省非。

勉强为善，胜于因循为恶。

责人者不全交，自恕者不改过。

自满者败，自矜者愚，自贼者忍。

多言获利，不如默而无害。

寡言省谤，寡欲保身。

行坦途者肆而忽，故疾走，则蹷。行险途者畏而谨，故徐步，则不跌。然后知安乐有致死之道，忧患为养生之本，可不省诸?

太庙之牺，被文绣，而悔不及鹪鹩深林一枝之乐也。

广积聚者，遗子孙以祸害；多声色者，残性命以斤斧。

以众资己者，心逸而事济；以己御众者，心劳而怨聚。

自信者，人亦信之，胡越犹弟兄。自疑者，人亦疑之，身外皆敌国。

渔猎不同风，舟车不并容。饮食嗜好，礼义贪残，四夷与中国殊若冰炭。至于推诚则不欺，守信则不疑，非但六合之内可行，动天地感鬼神，非诚信不可。

为善如负重登山，志虽确，而力犹恐不及。为恶如乘骏走坂，虽不加鞭策，而足亦不能制。

务名者，杀其身。多财者，祸其后。

善恶报缓者，非天网踈，是欲成君子而灭小人也。

祸福者，天地所以爱人也。如雷雨雪霜，皆欲生成万物。故君子恐惧而畏，小人侥幸而忽。畏其祸则福生，忽其福则祸至。《传》所谓“祸福无门，惟人自召”也。

薄于所亲而责人重者，不可与言交；好名欲速者，不可与共谋；贪而嘉诈者，不可与同利害；忍而好胜者，不可与同逸乐。

以忠沽名者，讦；以信沽名者，诈；以廉沽名者，贪；以洁沽名者，污。忠信廉洁，立身之本，非钓名之具也。有一于此，乡原之徒，又何足取哉！

为已重者，不仁。好广积者，不义。足恭者，无礼。贪名者，无智。

功名官爵，货财声色，皆谓之欲，俱可以杀身。或闻之曰：欲可去乎？曰：不可。饥者欲食，寒者欲衣，无后者欲子孙，是甘于自杀也。然知足而不贪，知节而不滛，无沽名之心，而不求功，亦庶几乎欲可窒也。

立身之道，内刚外柔。肥家之道，上逊下顺。不和，不可以接物；不容，不可以驭下。

天下有甚于饥食渴饮之道？而世或以名称，己或以为能事，哀哉！臣之忠、子之孝、弟之悌是也。孔子以文学为孝悌之余事，孟子谓良知良能不出于学，是非圣人，强人以甚难耳。岂爱欲汩其心，而妻子爵禄为贼忠孝之具？间有得臣子之道者，宜乎表出于世，苟以孔孟之道反求诸已，则知舍孝悌不足以为人，移孝悌为忠顺，则立身行己之道当，然世或可称，己何能之有？

前辈论医云：云闭门看古方三年，知天下无病不可治。及其出而用药疗疾，知古今无方可用。此无他，闻见力极则止。至于应变，则无有穷尽。噫！岂但论医也，士之学问，其失正在是。苟以是心反之，孳孳旦夜，自不知为有余，纵未能尽愈天下之疾，亦庶几乎十失二三也。

知不足者，好学。耻问者，自满。一为君子，一为小人，自取如何耳。

不自重者，取辱。不自畏者，招祸。不自满者，受益。不自是者，博闻。吉凶悔吝自天然，无有不由己者。

寿夭在天，安危在人。知天理者夭或可寿，忽人事者虽安必危。

千斤之石置之立坂之上，一力可以落九仞。万斛之舟溯于急流之中，片帆可以去千里。势使然也。若驰群马于平陆，集多士于大庭，非骏足奇才，不可得先。

人之有过失，犹身之有疾病，攻之以药石，诲之以廉耻，虽过失，不害为贤者，虽疾病，不失为全人。

为善者不云利，逐利者不见善，舜跖之徒自此分。舍生取义，固不可得。见利思义，圣人亦取之。殆哉！不可言。况可为乎？孟子答梁惠王之言，至矣。

口腹不节，致疾之因；念虑不正，杀身之本。

骄富贵者，戚戚。安贫贱者，休休。所以景公千驷，不及颜子之一瓢也。

外事无大小，中欲无浅深，有断则生，无断则死，大丈夫以断为先。

人皆有好生恶死之心，人皆有舍生取死之道，何也？见善不明耳。

教子弟无他术，使耳所闻者善，言目所见者善，行善根于心，则动容周旋，无非善。譬如胡越交居，再世则语音变，幼则视父兄，长则视朋友，虽然，善恶有种，视先世如何耳。

有过能悔者，不失为君子。知过遂非者，其小人欤？

官爵富贵，在人谓之傥来。道德行义，在我谓之自得。傥来者足以骄妻妾，自得者可以轻公卿。君子所以修天爵而人爵从之。

事亲有隐而无犯，事君有犯而无隐，事师无犯无隐，圣人不易之论也。古之所谓犯者，以己所见而陈之于君，不以犯上为犯也。后世所谓犯者，处卑位而言非其职，徒以沽名之心务行其说，直前讦讦，无益于世。愚以谓若能以事师之道事君，无隐则不敢逢君之恶，无犯则不忍暴君之失，谏可行，言可听，膏泽可下于民，不亦美欤！

欲去病，则正本。本固，则病可攻，药石可以效。欲齐家，则正身，身端，则家可理，号令可以行。固其本，端其身，非一朝一夕之事也。

事亲孝者，事君必忠，何以知之？良知固存，虽妻子不能移其爱。推此以尽为臣之道，则爵禄安能易其守？子惟知有亲，焉得不孝？臣惟知有君，安得不忠？所以良知者，其可忘乎？

父慈子孝，兄友弟恭，相须之理也。然子不可待父慈而后孝，弟不可待兄友而后恭。譬犹责人以信，然后报之以诚。尽己之当为，君子所以立身之道。非求备于人也。

以礼义为交际之道，以廉耻为律己之法，游息于是，朋友见钦，而不敢欺。妻子取法而不敢侮。尽思患预防之理，所以譬之四维，其可废而不张乎。

畋猎声色之娱，易而难反。车服口体之奉，相尚而无厌。皆非逸豫安乐之道。

静吉动凶，德休伪拙，圣人戒告甚切，至反身而求，乐莫大焉。知此为君子，昧此为小人。

恐惧者，修身之本。事前而恐惧，则畏。畏可以免祸。事后而恐惧，则悔。悔可以改过。知者以畏消悔，愚者无所畏，而不知悔。故智者保身，愚者杀身，大哉！所谓恐惧也。

心可逸，形不可不劳；道可乐，身不可不忧。形不劳则怠惰，易弊；身不忧则荒淫，不立。故逸生于劳而常休，乐生于忧而无厌。是逸乐也，忧劳其可忘乎?

毁誉杂至，观其事，则毁誉明；善恶混淆，公其心，则善恶判，此在上之职也。若智效一官，能效一职，行其所当为，而不问毁誉，立乎其中道，则善恶如白黑也。

古之人修身以避名，今之人饰己以要誉。所以古人临大节而不夺，今人见小利而易守。君子人则不然，无古、无今、无治、无乱，出则忠、入则孝、用则智、舍则愚。

事亲孝，则专其爱，而妻子不能移。事君忠，则尽其职，而爵禄不能动。竭力于亲者，不必须士类；致身于君者，不必问品秩。

黼藻太平，戡定祸乱，可以谓之忠乎？苟有隐于君，不若愚下不欺之忠也。列侯而封，击鲜而食，可以谓之孝乎？苟有违于亲，不若贫贱养志之孝也。

有圣贤之君，无忠直之臣，则聪明不能达远，虽圣贤或可欺。大哉！所谓为君难。

财用足以富国家，一夫可为。风俗所以系治乱，非有位君子不能变。必欲弭祸乱，致太平，非风俗淳俭不可。

爱君切者，不知有富贵。为己重者，不能立功名。

木有所养，则根本固而枝叶茂，栋梁之材生；水有所养，则泉源壮而流派长，灌溉之利博；人有所养，则志气大而识见明，忠义之士出。可不养哉！故孟子所谓“苟得其养，无物不长”也。

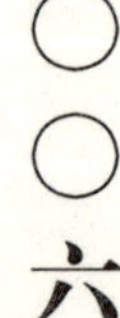

财不难聚也，取予当，则富足；国不难治也，邪正辨，则丕平。风不难化也，自上及下而风行；俗不难革也，自迩及远而俗变。

以爱妻子之心事亲，则曲尽其孝；以保富贵之策奉君，则无往不忠；以责人之心责己，则寡过；以恕己之心恕人，则全交。

士大夫若止以一官之廪禄计，则不知其为素餐。请以驱役之卒，奉承之吏，供帐居处，详陈悉算，则廪然如履冰，岌然如临渊，有愧于方寸者多矣。若于奉公治民之道不加思，则窃人之财不足为盗矣。

堂下远于千里，况于九重之深，虽尧舜不能知比屋。有人能以所闻所见，上体人君爱民求治之意，委曲详陈之，则都俞之间，可以弭祸乱，不兵而致太平也。

以忠孝遗子孙者，昌；以智术遗子孙者，亡；以谦接物者，强；以善自卫者，良。

尔谋不臧，悔之何及，尔见不长，教之何益。

利心专，则背道。私意确，则灭公。

能自爱者，未必能成人。自欺者，必罔人。能自俭者，未必能周人。自忍者，必害人。此无他，为善难，为恶易也。

子之事亲，不能承颜养志，则必不能忠于君；弟之事兄，不能致恭尽礼，则必不能逊于长上。

家不和，无以见孝子；国不乱，无以见忠臣。如是，则孝子忠臣不容见于世也。仆窃疑之，有人能克谐六亲，钦顺父母，家不使不和，莫大之孝也。有人能引君当道，将顺正救国，不使之乱，莫大之忠也。

尝谓风俗不淳俭，则财用无丰足。盖贵富者，奢侈相尚。奉养之外，弃废宝货，穷极土木，惟务相胜，贫贱者专于工巧伎艺，古所未见。一日之直可以获农夫终岁之利，故弃本逐末，耕桑者少而衣食者多，求其盈余储积，不亦难哉！

甲胄之士可以责以御侮，州县之吏不过委以簿书，事君而变薄俗，非大有力者不可。

妇人悍者，必淫；丑者，必妬。如士大夫缪者忌、险者疑，必然之理也。

费万金为一瞬之乐，孰若散而活馁者几千百人。处眇躯以广厦，何如庇寒士以一席之地乎?

知足者贫贱亦乐，不知足者富贵亦忧。

夙兴夜寐，无非忠孝者，人不知天必知之。饱食暖衣，恬然自卫者，身虽安，其如子孙何?

人之所以异于禽兽草木者，以其有为耳！皮毛齿角，禽兽以用而名；香味补泻，草木以功而著。人之生也，无德以表俗，无功以及物，曾禽兽草木之不若也，哀哉！

器满则溢，人满则丧。

用心专者，雷霆不闻其响，寒暑不知其劳。为己重者，不知富贵可以杀身，功名可以及后。行四通八达之衢者，不迷。思大公至正之道者，不惑。

蛮夷不可以力胜，而可以信服，鬼神不可以情通，而可以诚达。况涉世与人为徒，诚信其可舍诸?

岁月已往者，不可复。未来者，不可期。见在者，不可失。为善，则善应。为恶，则恶报。成名灭身，惟自取之。

以德遗后者，昌；以祸遗后者，亡。谦柔卑退者，德之余；强忍奸诈者，祸之始。

舜之所以为孝者，有顽父嚚母傲弟，人不幸而有此。当克谐如舜，不为甚难。孟子曰:“舜何人也?予何人也，有为者亦若是”。

韩非作《说难》，而卒毙于说，岂非所谓“多言数穷”之戒耶?

屈己者，能处众。好胜者，必遇敌。

欲常服者，不争。欲常乐者，自足。

有限之器，投之满盈，则溢。太虚之空，物物自容，静躁宽猛，视量之如何耳。

张饱帆于大江，骤骏马于平陆，天下之至快，反思则忧。处不争之地，乘独后之马，人或我嗤，乐莫大焉。

胜于己者，可师；拙于己者，可役；爱于己者，知善而不知恶；憎于己者，见恶而不见善。

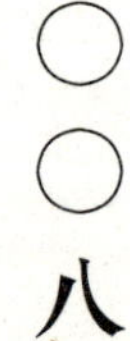

强辨者饰非，不知过之可改；谦恭者无诤，知善之可迁。善恶在自为，父子不相授，尧为父而有丹朱，舜为子而有瞽瞍。尧与贤易，舜克谐以孝难。

与善人交，有终身了无所得者。与不善人交，动静语默之间，亦从而似之。何耶？人性如水，为不善如就下。交友之间，安可不择？

人之制性，当如堤防之制水，朝培暮植，犹恐蚁漏之易坏，若泛滥不固，一倾而不可覆也。

近世士大夫多为子弟所累，是溺于爱而甘受其谤，殊不知父当不义，圣人犹许子诤。子弟不肖，而不能令，是纳于邪而不知义，方之训也。父兄之罪大矣。

绮语背道，杂学乱性。

邪正者，治乱之本。赏罚者，治乱之具。举正措邪，赏善罚恶，未有不治者。邪正相杂，赏罚不当，求治亦难矣哉！

不临难，不见忠臣之心；不趋利，不知义士之节。

予夺者，上之柄，臣不得专。赏罚者，上之权，其可私以循人乎？

天下有正道，邪不可干，以邪干正者国不治；天下有公议，私不可夺，以私夺公者人弗服。

富贵在天，取舍在人，在天者听，在人者断，善良者听之道，谦损者断之本。

富贵以道得，伊尹是也；贫贱以道守，颜渊是也。俱为圣为贤。负鼎干汤与箪瓢陋巷，劳逸忧乐不可同日而语也。

圣贤师心，不师迹，虽百世而道同；后世师迹，不师心，虽时同而术异。

目主明，五色可以盲其明；耳主聪，五音可以聋其聪。非耳目之罪，心不正，则视听狂。聪不聪，明不明也。

大则治乱邪正，小则昼夜死生，皆反手耳。反邪则正，反乱则治，反夜则昼，反死则生，岂可犹豫苟且而为哉！

耳虽闻，目不亲见者，不可从而言之。流言可以惑众，若文其言而贻后世，恐是非邪正失实。

忧国者不顾身，爱民者不罔上。

以是为非，以非为是者，强辩，足以惑众；以无为有，以有为无者，便僻足以媚人。心可欺，天可欺乎?

君子独立而持正，故助之者鲜；小人挟党以济私，故从之者多。

君子周身以道，小人周身以术。

忧天下国家者，其虑深，其志大，其利博，其言似迂，其合亦寡，其遇亦难，吾孔孟是也。

趋捷径者，不问大路。喜佞言者，不亲正人。

得天地之至和者为君子，故温良慈俭；秉阴阳之谬戾者为小人，故凶诈奸邪。

重名节者，识有余而巧不足；保富贵者，智不足而才有余。智识明者，君子；才巧胜者，小人。

善恶之性，不可易。如水不能燥，火不能湿，形色语默之间，善恶自见。

古之人孝弟力田，行著于乡州党族，名闻于朝，故命之以官。其临民也，安得不岂弟?其从事也，安得不服劳?其事君也，安得不忠?

爱身者，所以孝于亲；爱民者，所以忠于君。

高不可欺者，天也；尊不可欺者，君也；内不可欺者，亲也；外不可欺者，人也。四者既不可欺，心其可欺乎?我心不欺人，其欺我乎?

溺爱者受制于妻子，患失者屈己于富贵。

大丈夫见善明，故重名节于泰山；用心刚，故轻生死如鸿毛。

父善教子者，教于孩提；君善责臣者，责于冗贱。盖嗜欲可以夺孝，富贵可以夺忠。

为善易，避为善之名，难。不患人易，（案此句疑有脱文）犯而不校，难。

涉世应物，有以横逆加我者，譬由行草莽中，荆棘之在衣，徐行缓解而已。所谓荆棘者，亦何心哉！如是则方寸不劳，而怨可释。

以言伤人者，利如刀斧；以术害人者，毒如虎狼。言不可不择，术不可不择也。

古人畏四知者，谓天地彼我必有一知者，不得不畏。况处八达之衢，为万目所视，畏乎所当畏，行乎所无畏可也。

诚无悔，恕无怨，和无仇，忍无辱。

为子孙作富贵计者，十败其九。为人作善方便者，其后受惠。

耳不闻人之非，目不视人之短，口不言人之过，庶几为君子。

为善不求人知者，谓之阴德。故其施广，其惠博，天报必丰。是故圣人恶要誉，君子耻姑息。

仁言不如仁心之诚，利近不如利遠之博，仁言或失于口惠，利近或几于姑息。

智大心劳者，狂；力小任重者，踣。

知过之为过者，恐惧不敢为。不知过之为过者，杀身而后已。

攫金于市者，欲心胜而不知有羞恶；求珠于渊者，利心专而不顾其沉溺。

昼之所为，夜必思之，有善则乐，有过则惧，君子人也。昼之所为，夜不敢思，行险蹈祸，以苟侥幸，其小人之徒欤！

沽虚誉于小人，不若受之于天；遗货财于子孙，不若周人之急。

私心胜者，可以灭公；为己重者，不知利物。

不欺、不吝、不隘、不强者，可与人为徒。

礼义廉耻可以律己，不可以绳人。律己则寡过，绳人则寡合，寡合则非涉世之道，是故君子责己，小人责人。

德有余而为不足者，谦；财有余而为不足者，鄙。

愚胜智，拙胜巧，讷胜辩，知此者，全身。昧此者，蹈祸。

合天地者，或不能周人情；图近利者，必知其无远虑。

块土不能障狂澜，匹夫不能振颓俗。

苏张通六国，而皆合。孔孟走天下，而不遇。易进难入，王、霸之道，岂止如霄壤。

陶渊明无功德以及人，而名节与古忠臣义士等。何耶？岂颜氏子以退为进、宁武子愚不可及之徒欤！

巧辩者，与道多悖；拙讷者，涉世必踈。宁踈于世，不可悖于道。

华藻见于外者，谓之文。今古积于中者，谓之学。苟见道不明，用心不正，徒只以文过饰非，所以在德行、言语、政事之下。

求师问友，急于教子弟者，始于章句。中于文彩，终于科第。所谓入孝出悌，泛爱亲仁，则瞢然如冥行，岂不违吾宣圣之言乎?

人性如水，曲直方圆随所寓，善恶邪正随所习。富贵声色皆就下，不劳习者也。若非见善明，用心刚，强忍力行，则决堤坏防，不流荡者几希。

责越人以鞍马，强胡人以舟楫，其犹询民瘼于贵游，索寳玩于寒士，艰哉!

用不节，财何以丰，民不苏，国何以足?

君容而断，臣恪而忠，父严而慈，子孝而敬，兄爱而训，弟恭而劳，夫和而庄，妇贞而顺，人伦之道，尽矣!

处内以睦，处外以义，检身以正，交际以诚，行己之道至矣。

饱藜苋者鄙膏粱，乐贫贱者薄富贵，安义命者轻死生，遠是非者恶臧否。

不欺暗室者，肯自欺于心乎? 不愧屋漏者，肯有愧于人乎? 不欺于心，无愧于人，庶几可以希君子。

外重者内轻，故保富贵而丧名节；内重者外轻，故守道义而乐贫贱。

爱亲者，保其身；爱君者，轻其位。

饱肥甘、衣轻暖，不知节者损福；广积聚、骄富贵，不知止者杀身。

穷不易操，达不患失，非见善明，用心刚者不能。

身之中有小疾痛，则医卜杂进，愈而后已。殊不知烹宰物，命以快口腹，岂不甚于己之疾痛乎? 戒之哉! 戒之哉!

人有过失，己必知之；己有过失，岂不自知? 喜是非者检人，畏忧患者检身。

人以巧胜天，天以直胜人。

小人诈而巧，似是而非，故人悦之者众；君子诚而拙，似迂而直，故人知之者寡。

君子小人不并用，如熏莸不同器。用君子则远小人，用小人则害君子。

舜耕于歷山，伊尹耕于莘野，圣贤力田，见于经传。后世以文学明道，其弊至于菽麦不分，岂止不知稼穑艰难也！哀哉！

人以麟凤比君子，以豺狼比小人，徒论其表耳。麟凤能瑞世，而不能移风易俗，君子能厚风俗，致太平，以来麟凤。豺狼能害人，其状易别，人得以避之。小人深情厚貌，毒人而不可防闲，豺狼之不若也。

善恶之报速，则人畏而为善。天网虽勿漏，恐太踈，则流中下之性。

少不勤苦，老必艰辛，少不伏劳，老不安逸。

明出处者，可以保身。轻死生者，可以守节。

梁栋朽者，屋倾。贤不肖分者，国治。上节下俭者，财用足。本重末轻者，天下平。

轻财足以聚人，律己足以服人，量寛足以得人，身先足以率人。

无常德者，不可以作医，存亡所系耳。庸人假医以自诬，其初则要厚利，虚实补泻未必适当，幸而不死，则呼须百出，病者甘心以足其欲。不幸而毙，则曰饮食不知禁，嗜欲不能节，非药之过也，厚载而去。死者何辜焉？世无扁鹊，望而知死生，华佗涤肠而愈疾，轻以性命托庸夫，何如畏致疾之因，固养其本，以全天年耶？呜呼哀哉！

忧患疾痛，皆养生善知识；放逐闲废，皆仕宦善知识。不有忧，安知乐可为戒？

女相妒于室，士相嫉于朝，古今通患也。若无贪荣擅宠之心，何嫉妬之有？

情相亲者，礼必寡。道相悖者，术不同。礼简者诚，术异者争。

人不可无识。识暗者，小人。无识者，禽兽。小人舍正而趋邪，假善而为恶。

识明者果如是乎？禽兽不知父子之亲、君臣之分，识安在哉！

利可共而不可独，谋可寡而不可众，独利则败，众谋则泄。

火之炎上，水之就下，顺其性，则烹饪之功成，灌溉之利博。

越鸟巢南，胡马嘶北，物之直情，而况于人乎？

盏棺能定士之贤愚，临事能见人之操守。

食能止饥，饮能止渴，畏能止祸，足能止贪。

猛虎能食人，不幸而遇之，必疾走以避。小人能媚人，人喜与之亲，不幸而同利害，必巧为中伤，毒人而人不知，然机穽之设，未若天网之勿漏也。

父之教子必以孝，君之责臣必以忠，子不子，臣不臣，安则为之。

以仁为宅，以礼为门，以义为路，居处于是，践履于是，安得不谓之君子。

仁义忠信本自修，人必钦崇之；放辟邪侈本自贼，人必轻鄙之。

莫尊于事君，莫严于事亲，莫遠于天地鬼神，莫踈于禽兽夷狄，一于诚，则交际之道无不至矣。

内不欺于妻子者，事亲必孝；外不欺于朋友者，事君必忠。

人性如水，水一倾则不可复，性一纵则不可反。制水者必以堤防，制性者必以礼法。

保生者寡欲，保身者避名。无欲易，无名难。

善人种德，降祥于天；恶人种祸，贻殃于后。

妻子之书，可以示朋友，衽席之言，可以白神明，俯仰无愧，君子之乐也。

以巧得者，不肯以拙守，巧过则失。以力进者，不肯以谦退，力穷则坠。

人欲有所为，不必谋于人，当谋于心。一人之心，千万人之心也。若我心为可，则人亦必以为可，或人心有不可为者，我岂可为耶？

孝弟忠信之在身，犹金玉宝货之在室，扩而行之于己，犹发而施之于人，岂不美哉！放弃而不知求，埋藏而不知用，是谁之过欤？

天下无甚难事，若度己而取，量才而授，事罔不济。若责聋者修声，瞽者司火，非不为，是不能也。

大匠抡材、梁栋、榱桷，非一律。良医用药、温凉、补泻，不槩用。譬犹造屋瓦者，不可为盘盂，凿柱础者，不可琢璞玉。似是而非，非工之过，用者之不审也。

出必告，反必面，昏定晨省，问寝视膳，是人子之于亲，无顷刻忘也。今士大夫之家，子弟幼则视乳哺，长则命师友，非不爱也。及其一命在身，则挈妻携子从事于外，以亲为客寄。父欲子之进，而忘其爱，子欲自致显宦，而忘其亲。是父不父，子不子，岂不为名教罪人？求忠臣于孝子之门，固不足诛。贤父兄之过亦多矣。

用过其才则败事，享过其分则丧身。

量有余，则不隘；力有余，则不乏；德有余，则不争；色有余，则不妬。

用舍在人，不在我；行藏在我，不在人。在我者道，在人者时。

言，心声也。心正者言直，心诐者言诞；心不公者，言不中理；心夸大者，言不究实。

事君如事父，以实不以文，以诚不以巧，尊而畏之，爱而敬之。尊则不敢欺，畏则不敢侮，爱则不忍隐，敬则不忍犯。

伊吕起耕钓，傅说举版筑，汤文高宗，致治之本也。汉高祖得先圣之心，故用萧何追亡臣为将，削平祸乱，与黼藻太平举措不同。

欲饱暖者，事农桑；兴王霸者，图秦晋。农桑者，衣食之本；秦晋者，兵马之区。

卧重冰而厚裀褥，耽大欲而储药石，知所患，而不知所畏，宴安之惑也。

不深耕易耨，难以责天时；不正心诚意，难以服众议。

有违于亲者，不足以言孝。有欺于君者，不足以言忠。有欲者无刚，有私者无断。

养刚大之气者，不溺于富贵；明取舍之义者，不戚于贫贱。然后可以断大事，立大节，岂小丈夫所能？

锻者夏不畏烈火，渔者冬不畏寒冰，好名者不顾安危，耽欲者不顾生死。

贵贱有分，大小有量。分在天，贱不能贵；量在人，小不能大。君子修己以俟天，小人怨天而不度己。

忧国者不谋身，周人者不私己。

君子去取以是非，小人毁誉以好恶，君子合以同道，小人合以附己。

事无大小，理在其中。当理者，必能践其言而卒于成。理不当者，虽词穷力竭，而终于有画。

孝弟忠信立身之大本，礼义廉耻行己之先务。

窃富贵以巧者，甚于穿窬；残性命以欲者，过于焚溺。

忠言似苦，味之则有理。捷径似直，行之则背道。忠言难于求知，直道惟可行己。

省心杂言原文释评

【原典】简言择交，可以无悔吝，可以免忧辱。

【释评】管住自己的嘴，不乱说话；谨慎地交朋友，这样日后就没什么后悔的，当然也就不担心会受罪招辱了。

这不过是一句平常的告诫：小心啊，年轻人，前面是个坑，别掉下去，否则教训是惨痛的。可是，人就是这样，没掉下去的时候，谁都不在乎。

早年间，汉朝有一个人，名曰灌夫。此人关键时候十分能豁出本钱，在削平吴楚七国叛乱的战争中，他特别能战斗。一次战斗打响了，灌夫带领十几个家丁组成敢死队，冲入吴营，一直杀到吴军将旗之下，斩将夺旗，结果他的队员悉数战死，他也身受重伤十多处。不管是汉军还是敌军都被他不怕死的劲儿给震住了，他从此名声大噪，皇帝封他为中郎将。可他并不具备玩政治的素质，再加上他还有一毛病，就是嘴没把门。他因替窦婴说话，而害了自己。

窦婴本来是窦太皇太后的侄子，曾官居要职，风光无限。可后来，武帝上台，重用自己的舅舅田蚡，所谓一朝天子一朝臣，窦婴就靠边站了。本来当年窦婴也没给灌夫什么好处，可这时灌夫却同情窦婴的落魄，于是发誓要交这个朋友，并替他出头。在他心中，窦婴之所以倒霉，全是因为田蚡太红了。

不久，机会来了。田蚡娶媳妇了，是燕王的女儿。皇太后下了诏令，让皇亲国戚都去捧场，使弟弟的婚礼办得更风光些。身为皇亲的落魄窦婴也应邀出席。本来没灌夫什么事，他不是皇亲，也不是国戚，可他坚持陪窦婴去，想杀杀田蚡的锐气。

于是，酒宴上他向田蚡敬酒，但田蚡拒绝干杯，灌夫火就大了。可一时间又找不着出气的，回头看见了正和卫尉程不识说悄悄话的灌贤，他于是借题发挥，骂了起来："瞧你平时把人家程不识骂得一钱不值，如今长辈给你敬酒，你却老娘们似的咬起耳根子来，真不识抬举！"田蚡听出了话外音，就恼了："程将军和李广将军可都是东西两宫的卫尉，现在你侮辱程将军，难道就不给你尊重的李将军留些余地吗？"此时灌夫的嘴就把不住门了："我今天就是来头落地、刀穿胸的，还管什么程呀李呀的！"大伙见要打起来，纷纷离席而去。

搅了人家的婚宴，后果自然很严重。灌夫以"不敬"罪被捕入狱，窦婴还算够意思，替他四处活动，但落了毛的凤凰不如鸡，没起什么作用，最后灌夫悲哀地死在了狱中。

交友要谨慎，不靠谱的朋友不交也罢，如果窦婴当年曾对你有知遇之恩，那另当别论。再有，祸从口出，嘴皮子痛快了，那日子可就不痛快了。

【原典】无瑕之玉，可以为国器。孝悌之子，可以为家瑞。

【释评】没有瑕疵的玉器，可以成为国宝。孝顺爹娘、敬爱兄弟，是一个家庭的福气。

中国古人非常重视个人的修养，名其曰"修身"，就是要使自己成为品质高尚的君子，而其中最基本的要求就是在家里要孝顺爹娘，敬爱兄弟。

有个故事，说春秋时鲁国有个叫闵子骞的人。他亲娘死了，他爹娶了个后老婆。后老婆后来又生了两个儿子。这个后妈经常虐待闵子骞。冬天的时候，她给两个亲生儿子做了暖和的棉袄，而用芦花给闵子骞絮了棉衣。这样的衣服看上去挺厚挺暖和，可是寒风一打就透了，所以一冬天闵子骞总是哆哆嗦嗦的。

有一次，父亲出门，闵子骞赶车，由于天冷，手指僵硬不听使唤，马缰绳就掉在地上了，父亲骂他真没用，还给他一通鞭子。结果随着鞭子的起落，芦花从棉衣的破缝里飞了出来，父亲这才知道儿子为什么总

省心雜言

宋 李邦獻 撰

簡言擇交可以無悔吝可以免憂辱

無瑕之玉可以為國器孝悌之子可以為家瑞

為政之要曰公與勤成家之道曰儉與清

聞善言則拜告有過則喜非聖賢不能

寶貨用之有盡忠孝享之無窮

和以處衆寬以接下恕以待人君子人也

发抖了。他当即回家，决心休掉这个蛇蝎心肠的后老婆。可闵子骞死活都拦着，跪下来替后母求情。并晓之以理："留下后母只是我一人冷了点，可赶走她，三个孩子都要挨冻啊！"儿子的举动，让全家人都很感动——这孩子，人不大却有如此以德报怨的胸怀，将来一定错不了！

后母从此对闵子骞另眼看待，弟弟们也格外敬重这个哥哥。果然，后来他做了孔子的弟子。在孔门弟子中，闵子骞与颜渊都以德行并称，成为孔门贤人之一，甚至连轻易不太夸学生的孔夫子，都佩服地说："孝哉，闵子骞！"

可见，行走社会修养身心是多么的重要。如果我们稍微有一点儿闵子骞的胸怀和气度，我们的家庭、社会将是多么的和谐。

【原典】为政之要，曰公与勤。成家之道，曰俭与清。

【释评】从政的纲要是公正和勤勉；管理家业的根本是勤俭和清明。

古代的读书人一向信奉"修身齐家治国平天下"，认为由小到大，个人的修养达到了一定的高度，就可以治理家族了，家族治理好了就可以治国了，国家治好了进而就能承平天下，所向披靡了。所以走向社会的第一步就是要管理好家族，一个大家庭也像一个小国家一样，麻雀虽小五脏俱全啊。

《红楼梦》里的王熙凤，治理贾府就有一套办法，她能把一家上下打理得井井有条，至少维持住了贾府的门面。等凤姐一死，贾府就树倒猢狲散了。这说明凤姐的管理才能还是很厉害的，所以有人就把她说成是女中曹操。至于凤姐治家是不是做到了俭和清，这还值得商榷。

【原典】闻善言则拜告，有过则喜，非圣贤不能。

【释评】听到有益于德行的善言就拜受，别人指出你行为的过错，反而更高兴地接受。这种情形，除了道德高尚的贤者，一般人是做不到的。

中国古代最善于纳谏的皇帝是唐太宗李世民，他广开言路，虚心纳谏。贞观四年（630 年），李世民想把破旧的干元殿翻修一番，小官张玄素上书直言，连呼不妥。他说：修了阿房宫，秦朝灭亡；修建章华台，楚国垮台；修了干元殿，隋朝完蛋。大兴土木、劳民伤财，现在我朝百废待兴，怎么可以耗费巨资重修干元殿呢？陛下这样做的过失远超隋炀帝，甚至下场不如桀、纣啊。这段话听起来不近人情，将李世民与历史上的暴君相提并论也危言耸听。但唐太宗却感动不已，他想，张玄素一介小官，敢以死纳谏，为的不就是国家社稷的安危吗？于是下令停修干元殿，并赏赐张氏 200 匹绢。

当然，最有名的谏臣不得不提到魏征，在唐太宗与魏征合作的 17 年里，魏征给他提了几百条建议，唐太宗基本都采纳了。他们配合得如此默契，羡煞了后世的臣子君王。后来，魏征病逝，太宗亲临吊唁，他说："以铜作镜子，可用来端正衣冠；以历史作镜子，可用以明晓国家的兴替存亡；以人的言行作镜子，可用以知道得失对错。我就是常常用这三面镜子，来防止自己犯错误的。如今魏征去世了，我损失了一面镜子啊。"

隋炀帝是荒淫无道、拒谏妄听的典型，其有个宠臣叫裴矩，阿谀奉承，为他出了很多祸国殃民的主意。后来隋朝灭亡，裴矩进入唐朝，常常与唐太宗据理力争，摇身一变成为名噪一时的谏臣。姑且不论裴矩如何望风使舵、成为政坛不倒翁的，单他在两朝截然相反的为官之道其实足以说明，有什么样的主子就有什么样的奴才。

古人说"闻过则喜"，并不是因为发现自己身上的缺点就高兴，而是因为这个缺点自己没发现，别人帮忙指出来而高兴。所以，大至一国之主，小到一介平民，在面对别人的话语的时候，都要保持清醒、平和的心态，有则改之，无则加勉，化良言为行动，努力提升自己的人生格局。

【原典】宝货用之有尽，忠孝享之无穷。

【释评】金钱财富有用完的一天，而忠孝的品德却受用无穷。

这自然不假，金钱总会有花完的时候，而忠孝的操守才是立身之本，只有它才让人立于不败之地。

古人常以此来警示自己、教育子弟，强调品行操守在生命历程中的重要性。一个人在家庭中能以感恩的心对待父母长辈，负责任，有担当，走向社会以后，他对国家、对君主也一定会竭忠尽智，勤勉工作，恪尽职守。这样的君子，正是儒家文化人格理想的生动呈现。

欧阳修自幼丧父，是由母亲抚养成人的。可以想象，一个单身母亲抚养幼子的艰难。由于家贫，没钱买纸笔，母亲郑氏就以荻画地，教欧阳修识字读书。母亲还带着儿子到附近藏书多的人家去借书读，因为自己没有，她就让儿子把借来的书抄录下来。就在母亲含辛茹苦的培育下，欧阳修27岁时考中进士，走上仕途。

贫寒的经历、母亲的教化，使得欧阳修为官勤勉，光明磊落，报效君王，以身许国。他为官三朝，不管是身居宰相之位，还是被贬乡野，他都能为国忧心，为民着想，颇有清誉。后来母亲以73岁的高龄病逝，欧阳修亲自将母亲遗体运送故乡安葬。为追悼母亲，他写了《先妣事略》，字里行间无不透出母子的绵绵深情。可以说正是母亲的忠孝教育激励欧阳修成就了一生的功业。

【原典】和以处众，宽以接下，恕以待人，君子人也。

【释评】以协调、均衡与众人相处，以宽容来接纳手下的人，以己推人来待人接物，这样的人就是君子。

但在生活中，做起来却是很难的。就连大名鼎鼎的宋代名臣寇准也无法做到，起因是他得罪了自己的副手丁谓。

一次中书省举行宴会，寇准不小心将汤汁沾到胡须上了。丁谓连忙上去帮他擦拭。可寇准却说了一句话，让丁谓在同僚面前很下不来台——你一个副宰相，却给上司溜须，成何体统啊？——“溜须”即由此而来。于是丁谓就恨上了他。

丁谓可不是一般干事，他是个能力很强的人。有次汴京城发生了火灾，甚至连皇宫都烧了大半。皇帝就把灾后重建的任务交给了丁谓。他的法子就是因地制宜。他命人将三街九衢挖成壕沟，以就地取土。取土完毕，将黄河水引来灌满壕沟，这就成了一个航道，外地运来的树木就可通过壕沟水运到城里的工地上。待房子盖好后，再将灰土废砖之类的建筑垃圾倒进沟中，平整成街道，真是一举几得的妙招。后来这个能干的丁谓，还被派去处理西南边疆少数民族的叛乱，这样麻烦的政治事件，他居然兵不血刃地解决了问题。

试想，如此有招的人，如果将智慧用在琢磨人、害人上，自然也是一把好手。在他的导演下，寇准后来就倒霉了，先是被贬到相州（今河南安阳）做知州，后一直往南贬，从安州（今湖北安陆）到道州（今湖南道县），最后到雷州（今属广东），以致寇准最终死在了雷州。

当然我们不能一味指责丁谓如何小人，如果寇准能够做到宽容、推己及人，“君子”一些，可能就没后来的事情了。

【原典】坐密室如通衢，驭寸心如六马，可以免过。

【释评】身处密室就和站在大街上一样真实，内视自己的心就像驾驭六匹马拉着的车一样谨慎，这样就不会犯什么错误了。

为加强个人的修养，儒家提出了“慎独”的思想。原因就是我们很多人其实都是戴着面具的，在大众面前，总要衣冠得体，怕老婆的也俨然是伟丈夫，贪财受贿的也俨然是道德楷模，鸡鸣狗盗的也像是正人君子。可是一旦换个环境，本相就露出来了，淑女也就不淑女了，模范也就不模范了，种种人性的丑恶开始在密室中上演。这就是当面一套背后一套的伪君子，也是蒲松龄《画皮》中的那个鬼。所以，儒家人物号召言行一致，表里如一，无论何时何地都要做到堂堂正正、光明正大，拒绝卑劣的人性，努力去做一个君子。

然而，在利益纷扰、诱惑多多的今天，人总处于得与失、进与退的纠结当中，要做一个言行一致、光明磊落的君子，真的不容易。这时，驾驭自己的心、守住底线就显得非常重要了，这就好像驾驭一辆马车——一辆由六匹马拉着的马车，要让六匹马步调一致、服服帖帖，车夫就必须小心谨慎，精神高度集中才行，只有这样才不会出错。

具体到实际生活中，每个人能做的，就是努力地去洁身自好，守住自我底线。

【原典】谗言巧，佞言甘，忠言直，信言寡。

【释评】陷害别人的话，往往很巧妙；逢迎讨好的话，往往听起来好听；而劝诫的话则直率，真实的话则简单明了。

语言是人类的标志性符号，只有人才具有丰富的语言。但由于人情的复杂，人的语言常表现得雾里看花，有时简直让人摸不着头脑。

春秋时期，晋国的国君晋献公一大把年纪的时候，又娶了年轻貌美的骊姬为夫人，不久骊姬生下儿子奚齐。老国君本来早就立了太子，叫申生。可骊姬一心想让自己的儿子当太子，所以申生就成为她的眼中钉肉中刺了。她害人的办法很巧妙，即她从不讲坏话，而是拼命地说好的，总在献公面前夸申生的美德，说申生多么不简单、多么有能力，他的民调指数简直都超过国君您了！——这让老国君感到了压力和巨大的威胁。

而后骊姬继续上演好戏，她抓住献公怕人说老的心理，一面忽悠他：其实你可一点都不老，一面接着栽赃，太子调戏我，对我说："国君已经老了，不中用了。"献公听后更是恼怒，骊姬见状继续火上浇油。有一天，骊姬对申生说："昨晚国君梦见你母亲了，请你赶快去祭祀她吧。"申生祭祀，然后把酒肉带回给献公。

恰好献公打猎在外，骊姬就在酒肉中下了毒。待献公回来，她献上祭肉，可没等献公食用，她就提醒说还是验一下吧。于是割一块肉给狗吃，狗倒地而死；让小太监吃，小太监也口吐白沫死了。骊姬就哭了："看来太子想当国君，已等不及了，他想要您命啊。"得知消息的申生，只好选择出走他国。后来奚齐被立为太子。

这是出自《左传》的一个非常有名的故事，叫“骊姬之乱”。通过利欲熏心的骊姬，将人性的自私和丑恶，以及人类语言的复杂性都形象地展示出来了。至于劝诫的话直率、真实的话简单明了，也不难理解。不讲究方式的大实话，有时候反而让人心里不爽。

所以，历史上说忠言、讲真话的人大多没有好的结果，以致连英明的李世民皇帝，也几次想杀了常让他感觉不舒服的魏征。可见，说话是个大学问，说什么、怎么说可要慎重啊！

【原典】多言则背道，多欲则伤生。

【释评】话说多了就违背道义，欲望多了就会损害性命。

子贡是孔子最聪明的弟子，他特别会讲话，一张利口，一般人不是他的对手。《论语》一书中，最见妙趣的对话都是孔子和子贡讲的。但夫子却教训子贡：小子，话不要说太多，也别说太满，世上有比会说话更重要的事呢！季羡林晚年提出“老年十忌”，第一就是忌话多，这自是季老的中肯之告。满嘴唾沫星子的人，生活中都不招人待见，这就叫“多言则背道”。

如今很多利欲熏心的人，为了一己之私，要么说坏话、使绊子，煽风点火制造事端，踩着别人往上爬；要么争宠邀功，卖身投靠，以人格换位子。诸如此类，让人忍不住欷歔感叹。

其实这些作为都是违背生命规律的。想想看，一个人一天能吃几碗饭，晚上睡觉又能占多大地儿？何必贪心无厌，去追求那些实际上你并不需要的东西，并为此而使你的人生痛苦不安、焦虑不堪？老子早就告诫说：“祸莫大于不知足，咎莫大于欲得。故知足之足，常足矣。”就是说不知足的人，永远不会满足，即使他得到的东西再多；知足的人，永远感到满足，即使他得到的东西再少。

所以，过一种知足的生活，像鸟栖一枝、鼠居一穴那样，人生就轻松了，幸福指数也就跟着上来了。陶渊明之所以潇洒，就是因为他的人生信念是“倾身营一饱，少许便有余”——扑下身子努力工作不过是吃顿饱饭，除了吃饱饭其他都是多余的，“生何待于多资，理取足于满腹”，这些话对于那些名利场上的人，难道不是一种启示？

【原典】语人之短不曰直，济人之恶不曰义。

【释评】说人家的短处不算是直率，帮助别人做恶叫不义。

在生活中，我们总会遇到一种人——他们喜欢揪住别人的小辫子不放，并沾沾自喜，仿佛发现了一大世界奇迹。这种人的快乐就是建立在别人的痛苦之上，而这种快乐其实又没有多少实际意义，只是表面化地抬高了自己，贬低了别人。而他此时又往往喜欢给自己贴一个标签——“我是个实在的人”。

也许对别人的毛病实在看不下去，或者别人的毛病影响到自己的情况，到了不吐不快的程度，但是请你也要记住：他人有风险，揭短请慎重。委婉地提醒或许效果要好一些。

揭别人的短如果是不道德的话，那伙同别人一起行恶呢？有时候一件坏事，一个人是不敢做的，而一旦有了一个同伙，胆子就壮了不少。马路上，大家都在等绿灯的时候，只要有一个人带头闯红灯，一群人就跟着过去了。红灯行、绿灯停的局面于是出现了，整个社会的规则自然而然地就颠倒了过来。有个成语叫“同流合污”，它体现出坏事往往不是一个人做的，也说明帮别人做坏事的人最终的恶名和主事者一样，同样遗臭江湖。

所谓的“讲义气”绝对不是大家一起做坏事，而是以“勿以恶小而为之”的心态来劝诫。一个朋友，你帮他走上正路，他感激你一生一世；假如你引领他走上邪路，那就该恨你一辈子了。

【原典】好胜者必争，贪荣者必辱。

【释评】争强好胜的人逢事必争，贪图荣誉的人最终会自取其辱。

努力攀登，追求荣誉，获取地位，这一向是被看作积极人生的标志。但现实中能够爬上金字塔顶端的毕竟是少数人，大多数人都无法实现自己的预期目标，因而纠结、痛苦就是日常的状态了。

凡是有点文化的古人，谁都不想沉沦下层，做一个孔乙己式的穷酸文人，都想“朝为田舍郎，暮登天子堂”。可是能在皇帝面前显露的，毕竟太少了。隋唐科举考试，进士每年录取不过 30 人，加上明经科录取的总共也只有 100 人左右，到了宋代，开始扩招，但三年一科，每科录取的进士也不过数百人而已。

所以面对失败，宋代词人柳永干脆破罐子破摔，混迹烟花之地，日夜与歌姬厮混。他填的歌词极受欢迎，“凡有井水饮处，即能歌柳词”，哪个歌姬要想红，不唱柳词是不行的。可即便这样，他的心态还是很积极向上的，那就是一定要进入朝廷里去。

在 51 岁高龄的时候，他终于想出一绝招——把原名柳三变改成柳永去参加科考。他幸运考中，可只分配了一个屯田员外郎的官，并没什么实权。所以他一直很穷，以致死了的时候连棺材都买不起，还是与他相熟的歌姬们合力埋葬了他。

所以，各人有各人的运数，争强好胜、贪图享受者不一定有好结局，保持一个平常心，过应该过的日子才是硬道理。

【原典】知足则乐，务贪则忧。

【释评】知足就会得到快乐，而一味的贪婪则会使人忧虑。

俗话说“知足者常乐”。生活中谁都想潇洒走一回，然而世界是一个让人眼花缭乱的大卖场，想极力拥有所看到的一切的人，身心必将疲惫不堪，生命也会在贪求的路上焦灼不安，毫无乐趣可言。

两个疲惫的旅行者，同时得到了半杯水，其中一个高兴地说：“太好了，还有半杯水呢。”而另一个则说：“唉！只有半杯水啊。”在剩下的路途中，那个知足的人会因有半杯水而精神焕发，而另外一个，一路上则烦恼不已——半杯水太少了啊。同样的旅途却有截然不同的心态。可见，人的欲望往往就像一片海洋，千条万条的河流注进去，也可能填不满。

柳宗元曾写过一篇名叫《蝜蝂传》的寓言，说蝜蝂这种小虫子善于背东西，而生性贪婪又好爬高，无论什么东西，只要它搬得动，就放到自己背上，然后再往高处爬，它常常因为背的东西太多而累得爬不起来。人们可怜它，就把它背上的东西去掉了，但它还会把去掉的东西再放到背上，终于因为背的东西太多，爬得太高而摔死了。

人何尝不是一只蝜蝂？每个人来到世上的时候都是紧攥着拳头，想抓住世界上的一切，但最后还是要撒手，放下一切的。欲望的沟壑无法填平，这就决定了人的一生追求的愈多愈是痛苦。最受孔子欣赏的颜回"一箪食，一瓢饮，在陋巷，人不堪其忧，回也不改其乐"。就是说他住在贫民窟里，仅一碗饭、一瓢水地过活，但他仍然觉得很快乐。为什么会这样，关键在于他的内心。在他看来，人的生活很容易满足，有饭吃有水喝有房子住，这就够了，其他对于生命本身都是多余的了。

【原典】好名则立异，立异则身危，故圣人以名为戒。

【释评】人如果喜欢出名就常会追求与众不同，而与众不同则会导致自身出现危险，所以圣贤的人拒绝出名。

古训说：木秀于林，风必摧之。可见，出名之后由于过于招摇，曝光率太高，受到的非议、责难也就多。

老子曾说自己的人生有三件宝贝：一曰慈，二曰俭，三曰不敢为天下先。第一有慈爱之心，第二遇事能克制自己，第三不出风头，做到了这三条才能保全自己，也才有大的作为。

刘备曾一度沦落而投靠曹操，当时的国舅董承与刘备密谋想要除掉曹操，刘备怕曹操看出自己的志向，就开辟了一块菜园子，天天种菜浇水。一日，曹操突然请刘备喝酒，二人品梅饮酒，席间曹操发问，天下谁是英雄啊？刘备知道其中的意思，就列举了一些人物，诸如吕布、袁绍之类。曹操连忙摆手，用手指刘备，又指自己说："天下英雄，唯使君与操耳！"刘备听后大惊失色，以为曹操看透了自己，此时正好窗外雷声响起，刘备就顺势扔掉了手中的筷子，说："刘某天生胆小，我最害怕打雷了。"而曹操看到他如此胆小，觉得成不了什么气候，也就不再怀疑他了。

这正是刘备的高明之处，在整个过程中他始终收敛锋芒、装傻。如果几杯酒下肚，他自吹自擂，夸夸其谈自己多有才，人气有多旺，恐怕脑袋早就被曹操砍了。看来，做人低调点，没什么不好。

【原典】内睦者家道昌，外睦者人事济。

【释评】家庭内部和睦的，家业就会兴旺，而与外人关系和睦的，遇事则会有人相帮。

我们常听一句话："家和万事兴。"一个和睦的家庭需要每个家庭成员共同营造，这样才能家道昌盛，越来越好。明白此理的人，在家中对父母孝顺谦恭，对兄弟关心帮助，对妻儿更是百般体贴，小心呵护，这样的家庭才是真正的"五好家庭"。

到了外面，就更应该注意了，没人会迁就你。所以，与人为善，以己度人，坦诚相待，都是很好的处世原则，只有这样，才能交到知心朋友。《水浒传》中的宋江，江湖人称"及时雨"，说他扶危济困，义字当头，不管谁有难处，他总能第一时间出现，因此人们一提他，没有不叫好的。后来在他有难的时候，梁山好汉们才十分舍本钱，把他从刑场上救出来，还一致推举他做梁山之主，这就叫"以德服人"吧。

可见，出门在外，以诚待人，成全他人，换位思考，以己度人，都是行走江湖的制胜法宝。

【原典】不匿人短，不周人急，非仁义人也。

【释评】老是揭别人的短处，在别人困难的时候不帮助别人，这肯定不是仁义的人。人人都希望有尊严，懂得给人留面子，称得上是聪明之举。

从前有个国王，是个残疾人士。他不但一只眼看不见，还少了一条腿。有一次，国王请画师为自己画像。来的第一位画师是个老实人，他如实地画了国王的本来面目。国王看后很是生气："这个家伙，竟把我画得如此丑陋，简直就是在奚落我，推出去斩了！"第二位画师就聪明多了，为了讨好国王，他画了一位双眼明亮、两腿矫健的国王。谁知国王还是大发雷霆：“你这狗奴才，这画的是我吗?”这个画师也因此小命不保。结果再没人敢为国王画像了，国王也为此而郁闷。没想到，有一天竟有个画师自告奋勇地为国王画像。等到他画好后，国王一看就喜笑颜开，重赏了这个画师。原来他给国王设计了一个形象：让国王骑在马上，残缺的那条腿正好被马挡住了，双手举着猎枪，眯着一只眼在瞄准，而眯着的眼睛正是看不见的那只。经过这样巧妙的掩饰，画面呈现的是一位骑马狩猎、雄姿勃发的国王。

可见，不揭人短处，巧妙地遮掩会让你获得好感和人缘，而日常生活中施以善行，与人方便自己方便，未尝不是一种美德。

赵盾是晋国一位有名的大夫，有一次他到翳桑打猎，遇见了一个快要饿死的人，赵盾同情他，就给了他吃的，还给他一篮子肉带回去给家里人吃，后来这人当了晋灵公的士兵。晋灵公是个昏庸而荒淫的家伙，赵盾经常劝诫他。而晋灵公表面上承认错误，但心里却恨死赵盾了。于是，他就先派刺客去暗杀赵盾，结果没有成功。后来又宴请赵盾喝酒，想趁机杀死他。当士兵们冲出来要杀赵盾时，没想到赵盾曾经救过的那个人掉转兵器，拦住了其他士兵，这样，赵盾得以逃出。赵盾问他叫什么、在哪里住，他没做正面回答，而是说：“我是翳桑那个快要饿死的人啊。”正是赵盾之前的善举，在关键时刻救了自己一条命。

【原典】心不清则无以见道，志不确则无以立功。

【释评】如果心中充满杂念而不清净，就无法获得大道；志向改来换去，最终会一事无成。

同是为越王勾践复国出力的文种和范蠡，两个人的结局很是不同。文种最后落个自杀的下场，而范蠡却泛游五湖，自在逍遥，后来成为富甲一方的陶朱公。之所以如此，就是范蠡始终很清醒，根据多年与勾践相处的经验，他看透了勾践的人性，这是个只可共患难、不可同富贵的人，一旦功成名就，就要想招儿赶紧脱身吧。所以他就告诫好友文种：“高鸟尽，良弓藏；狡兔死，走狗烹。”高飞的鸟儿一旦被射下来，再好的弓也没用了，只有收藏的价值；狡猾的兔子一旦被狗逮着了，那狗也就只剩下被主人炖狗肉的用途。但文种并不这样认为，胜利在前，他终于苦尽甘来了，要好好享受来之不易的成果。糊涂的他忘了“功高震主”的警言，听不进范蠡的劝诫，结果文种最后握着勾践的赐剑，血溅五尺，自杀而死。

所以，居安思危，始终清醒地认识所处的形势，及时地制定解决问题的对策方是人生智者。

如果以一种游离的心态对待理想志向，心血来潮，变来变去，结果往往会功亏一篑，一事无成。有一幅漫画，画的是两个人在挖井，第一个人往下挖了几米后没看到水，就说此地没水，于是就换了一个地方再重新挖，可是几米后，水还是没出来，就再换一个地方。就这样他最终也没挖出一口真正的井来。而另一个人，就在一个地方不停地往下挖，终于挖井成功。

常言说：无志者常立志，有志者立长志。所以做什么事都要有一种不达目的决不罢休的韧劲，努力地往一个方向深入下去。

【原典】结怨于人，谓之种祸；舍善不为，谓之自贼。

【释评】与别人结下仇恨，就是为自己种下祸害；看到善事而不做，势必会给自己带来损害。

周幽王为了逗宠妃褒姒一笑，玩了几次烽火戏诸侯的游戏，等到有一天西戎人真的杀来了，周幽王赶忙点燃烽火求救，但直到他和儿子被敌兵杀死，也没一个救兵前来。结怨于人的周幽王终于吞食了自己种下的苦果。

说到行善积德，刘备曾告诫儿子阿斗：“勿以善小而不为，勿以恶小而为之”，可见行善、做好事的重要性。明朝有个叫沈富的有钱人，世代聚敛财富，家财万贯，富可敌国。但此人为富不仁，只知努力结交权贵。朱元璋初到南京时见城墙毁坏严重，想重修城墙。沈富认为机会来了，连忙说：“我可包修南京城墙的三分之一。”朱皇帝同意了，谁知完工之后，他有点儿得意忘形，向朱皇帝提出，由他来出钱犒赏三军，但这回他拍错了马屁。朱皇帝大怒：“军队让你来犒赏，难道这皇帝也由你来做不成?”于是干脆就抄了他的家，把沈富赶到了云南，永远不得回乡。

【原典】诺轻者，信必寡；面誉者，背必非。

【释评】轻率、浮夸的诺言，一定没有可信度；当面赞美你的人，背地里肯定说你的不是。

“言必信，行必果”“一言既出，驷马难追”，都是对诺言的赞美之词，但有些承诺其实就是忽悠。

为了破坏齐楚联盟，身为秦国丞相的张仪对楚国进行访问，一场忽悠的经典曲目上演了。张仪深知楚王是个爱占小便宜的人，就许诺说：“只要大王能与齐国绝交，与我国结盟，我们愿意拿出六百里土地作为礼物送给大王。”楚怀王没有拒绝，张仪接着添柴加火：“另外，我们秦地多有美女，我再让秦王挑选几十个送来。”楚怀王终于上钩了，眉开眼笑：“好啊，寡人这就答应你。”于是宣布与齐国绝交，召回了驻齐国大使。然后派使臣前往秦国讨要土地，可张仪此时却一脸惊愕地说：“怎么可能，我说的是六里地啊！哪是六百里？楚王一定是听错了。”被耍了的楚怀王发兵去攻打秦国，但由于失去了同盟国齐国的支援，楚国不是秦人的对手，最后不但损兵折将，还被秦国抢去了几百里的地盘！

老子说：“夫轻诺必寡信，多易必多难。”那些轻易发出的诺言，必定很少能够兑现的，把事情看得太容易，势必会遭受困难。赞美也不是免费的午餐，老子又说：“信言不美，美言不信。”齐国的美男邹忌本来没有城北的另一美男徐公漂亮，但他的妻妾们却天天奉承他，你比徐公帅多了。一天家里来了客人，没想到也这样说。邹忌先生于是陷入沉思：这些人为什么要骗我呢？他后来得到了答案：因为他们都有着自己不同的目的，想有求于我才这么做的。

谁都喜欢听好听的，但甜言蜜语的背后，还请冷静地考察一番为好，否则被人忽悠了，你还跟人说“谢谢啊”！

【原典】孝于亲，则子孝；钦于人，则众钦。

【释评】你孝敬老人，你的儿女也一定孝顺父母；敬重别人的人，也会得到别人的敬重。

古代有“百善孝为先”的格言，也流传着很多感人的故事。李时珍在《本草纲目》中说：“此鸟（指乌鸦）初生，母哺六十日，长则反哺六十日。”意思是乌鸦一出生，由乌鸦妈妈喂养他六十日，等到后来乌鸦妈妈年老体衰时，已经长大了的小乌鸦就会反过来照顾妈妈。乌鸦尚能如此，何况人呢？

东汉初期有个叫江革的人，小时候父亲就死了，是母亲把他抚养成人的。当时社会动荡，江革就背着母亲四处逃难。路上几次遇到土匪强盗，江革就央求他们：母亲年纪大了，请饶我一命，使我奉养母亲。贼人感念他的一片孝心，就放他们母子走了。后来，他们来到相对安定的南方，江革自己常常贫穷赤脚，过着艰苦的日子，可却满足母亲所需的一切。由于他的善行，朝廷褒奖他，推举他为孝廉，后来甚至做到五官中郎将的高官。

这真是应了那句“种瓜得瓜，种豆得豆”。种下一颗孝的种子，就收获了福的果实。孝是对于长辈而言的，而对于朋友，我们则需要相互尊重，共同承担。其实，尊重别人就是尊重自己，对朋友重义，朋友对你也就讲情。关羽对兄弟义薄云天，不为曹操的高官厚禄所动，千里走单骑，过关斩将，一心想的就是投奔哥哥。他成了“忠义”的楷模，以至人们把他当做神来敬，甚至与孔子并称，一个文圣人，一个武圣人，香火不断，被世人铭记。

在家讲孝道，出门重情意，即使是现代化的今天，同样不过时。

【原典】声色者败德之具，思虑者残生之本。

【释评】天天沉湎于歌舞美色，常使一个人德行败坏；每每挖空心思地计较算计，是残害生命的开始。

对物质享受的追求永无止境，一旦沉溺其中，往往败家亡国、自身难保。极端的例子，就数西门庆了。他既是一个家财万贯的企业家，也是一个炙手可热的官员，他的发迹史是和其内心强烈的欲望联系在一起的，为此他常常不择手段，踹寡妇门，挖绝户坟，霸占别人的老婆，图谋人家的财产，所有的恶劣德行他都占全了，下场可想而知。

物欲盛，则思虑深。诸葛亮历来被看做是正面、勤勉的典型。其实他一辈子都在玩心眼儿：打动了刘备，忽悠了东吴，气死了周瑜，算计着司马懿。有一次和司马懿对阵，为了让司马懿出战，他送去女人的花衣服，讥笑司马懿像个女人一样胆小畏战，没想到司马懿笑乐呵地收下，还当众穿在了身上，素有智慧化身的孔明一时间也没了主意。司马懿接见蜀国的使者问："孔明先生吃饭怎么样?"使者回答："吃不多。"司马懿又问使者："他怎样处理工作上的事务啊?"使者说："二十大板以上的处罚，丞相一般都要亲自过问。"司马懿就对他身边的人说："大小事都操心，可以断定此公活不久了。"果然，诸葛亮当月就病死在五丈原。

老百姓有话说：没心没肺，长命百岁。那些时常盘算别人的人，无形中也害了自己。

【原典】为善不如舍恶，救过不如省非。

【释评】做善事不如彻底舍弃做恶的念头，补救过失不如反省自己的缺点。

人们一般关注扶危济困的善行，看到别人遇到难处，伸出手来帮一把，以助人为乐为快乐之本。殊不知，去掉心中的恶念，不做坏事才是更大的善行。

明代思想家王阳明说："为善去恶是格物。"所谓"格物"就是修身，就是割去心中的"恶"，剩下的也只有善了。他还认为人生应该做减法："吾辈用功只求日减，不求日增。减得一分人欲，便是复得一分天理。"就是一点点的减掉心中的欲望，少做些冤孽，那样天真善良的本性就回来了。

有了这样的认识，古人非常重视自我反省。曾子就说："吾日三省吾身”，意思是我一天好多次反省自己做错了什么事没有。然而，在经济社会飞速发展的今天，多少人能做到像曾子那样律己修身呢？人们的心态却变得日益浮躁、功利，内心的幸福感反而下降了。

【原典】欲不匮，则博施；欲长乐，则守分。

【释评】想要富足，就常常给予别人；想要快乐，就要恪守本分。

有一个农夫种的玉米，每年都获得大丰收，而他也总是将自己的优秀种籽，毫不吝惜地分赠给其他农友。有人问他为什么这么大方？他说：我对别人好，其实是为自己好。风吹着花粉四处飞散，如果邻家播种的是次等的种籽，在传粉的过程中，自然会影响我的玉米质量。因此，我很乐意其他农友都播种同一优良品种。他的话看似简单却深富哲理，凡是你对别人所做的，就是对自己所做的。

自己种下的当然也都是自己收获的，你所给予的，都会回到你身上。

【原典】广积不如教子，避祸不如省非。

【释评】积累财富不如教育自己的子女；躲避祸患不如反省自己的过错。

老百姓常说一句话：“富不过三代。”富人家如果从儿女那一代起便不努力，到孙辈、曾孙辈，最后有可能沦落潦倒，将祖宗的脸和钱全部丢光。这样转了一大圈，这一家子从终点又回到了起点，家道衰落，陷入赤贫。在西方世界也有“富裕农民—贵族儿子—穷孙子”的说法。可见，教育孩子，比给他留下多少财产都重要得多。林则徐就很清醒：“子孙若如我，要钱干什么？贤而多财，则损其志；子孙不如我，留钱做什么？愚而多财，益增其过。”

在汉代，有个高官叫金日磾，他原来是匈奴人的一个王子，但降汉后为人非常谨慎而低调。汉武帝很欣赏他，爱屋及乌，也因而喜欢他的小儿子，甚至把这孩子当成自己的孩子看。然而，他并不因儿子受到皇帝的宠爱就放任自流，相反，倒是管教得更为严厉，甚至最后竟把这个和宫女嬉戏的儿子给杀了，以绝后患。这样最终保证了家族的安全，金家连续多少代人都很辉煌。

儒家主张“三省吾身”，就是要每天都想想自己做过什么事。要时刻反省自己，知错能改。

【原典】勉强为善，胜于因循为恶。

【释评】勉强地做点善事，也强过去做坏事。

人都有两面性，一半是天使，一半是魔鬼。所以善恶只在一线之间，一不小心走错了路，就悔之晚矣！所以只要控制住你内心的那个魔鬼，你就能成为天使。有些人就控制得很好，一辈子只做好事，这个难度系数比较大。其实好事不管有多少，对你而言都是正面的影响，可坏事就不同了，不用多，只要有一件，可能你这辈子也就栽了！

所谓“勿以恶小而为之，勿以善小而不为”，事大事小不是问题，本质在于善恶，好事再小也应该去做，不管你当时的动机是自愿的，还是被动的，也比你做一件坏事好，这是为人之道。佛教说人皆有“心魔”，你要用善良之水去扑灭它，决不能让它成为燎原之势。

【原典】责人者不全交，自恕者不改过。

【释评】总责备别人的人就不能交更多的朋友，容易宽恕自己的人不会改掉自己的过错。

常言说：水至清则无鱼。交朋友也一样，由于出身、性格、经历、学识种种原因，谁也保不齐有这样或那样的缺点。若总是本着“宽以律己，严于待人”的态度和人相处，求全责备，横挑鼻子竖挑眼，自己身上的毛病一点儿也看不见，只顾拿着放大镜来挑别人的错，这样的人是不受欢迎的。

人没有完美的，自己犯了错，好好反思一下，总结经验教训。朋友有缺点，善意的告诫，帮助他改过来就是了，这才叫共同进步。

【原典】自满者败，自矜者愚，自贼者忍。

【释评】自满的人定会失败，自夸的人会变得愚蠢，自己伤害自己的人一定很残忍。

大家都熟知“龟兔赛跑”的故事，不管故事的版本怎么变，那只骄傲的兔子总也跑不过慢吞吞的乌龟，不是乌龟的速度赢了兔子，而是兔子的骄傲毁掉了它自己。历史上这样的故事很多，像赵括纸上谈兵、官渡之战袁绍不敌曹操、曹操大败于赤壁、马谡失了街亭等。

其中最典型的要数关羽丢荆州了。《三国演义》说是“关羽大意失荆州”，实际正确的说法是“关羽骄傲失荆州”。关羽，不管后世怎么捧他，敬之为神，尊之为帝，但现实中的他毕竟是个人，尤其在当了汉寿亭侯、过五关斩六将之后，关羽更加骄傲了，听说刘备封他“五虎上将”之首，可他却恼了：我怎么和黄忠这样的匹夫并列呢？刘备派他守荆州，搞好孙刘联盟，这本是关系蜀汉成败的大事。可他却没有太在意，他先是拒婚孙权，激怒了东吴，后是谢爵辞封，目空一切，再是罚糜惩傅，遗患一方，最后任命潘浚，所用非人，以及对吕蒙装病的懵懂、对陆逊谦卑的得意，这一连串的失误，都是傲气使他丧失了基本的判断力，结果走麦城、失荆州，身死人手，蜀汉由此走向衰败。可见，对于事业、工作，骄傲自满怎么得了？

由此还可看出，骄傲的人多自矜，自矜的人往往自恋。四面楚歌的隋炀帝曾对着镜子自恋：“如此好头，谁来取之”；自己没什么才华，但常常自我炫耀。这种人由于自我膨胀，所以一般陷入愚蠢的境地，让人既可笑又可叹。所以，对人对己还是真实一点好，“人固有自知之明”，这是一句永不过时的格言！

我们一直提倡做人要厚道、宽容，因为出来混，总是要还的。敢于对自己要狠的人，对别人又会怎么样呢？这不免让人想起了战国时的“狠人”吴起。他为了当上鲁国伐齐的将军，竟然杀了出身齐国的结发妻子；他老母亲去世，也拒绝回家奔丧。对亲人如此，对别人更是刻薄寡恩，皆为利用被利用的关系，到最后没一个人愿意出手相助，被乱刀砍死。

【原典】多言获利，不如默而无害。

【释评】以多说话而获利的，不如沉默寡言的。

生活中，有的人话特别多，一打开话匣子，就没个完。言多必失，在你内心有成就感的时候，也是最容易惹祸的时候。

三国时有一人，名叫许攸。他年轻时与袁绍、曹操都是好朋友，后来成了袁绍的谋士，但袁绍没把他当回事，他的计谋袁绍多不采信，许攸深受挫折。官渡之战的关键时刻，许攸转而投奔了曹操，向其提供了重要情报，并为之谋划偷袭乌巢，烧了袁绍的军粮，结果因粮草问题，袁绍军心动摇，曹操遂大胜之。官渡之战后，许攸跟随曹操平定了冀州，也立下了不小的功劳。许攸于是骄傲起来了，口无遮拦，最终被杀。

所以说话要讲究分寸，说多了百害而无一利。很多圣贤人都将“谨言慎行”“少说为妙”当成治家处世的格言警句，道理就在此！

【原典】寡言省谤，寡欲保身。

【释评】少说话别人就不会诋毁你，克制欲望就可以保护自身。

人若为欲望所俘，成为欲望的奴隶，甚至欲火焚身，那是很可怕的事情。自古以来，很多人身败名裂，都和欲壑难填有关。明代太监刘瑾就是个极端的例子。此人贪恋金银，据说他利用正德皇帝的宠幸，极疯狂地捞金，并以此为乐。各地官员凡至京师，必送他“见面礼”，多的5000两，少的也得1000两，以致许多官员身陷贫困境地，以借贷度日，人称“京债”。官员凡跑官，都要大把大把地向他行贿，否则几无升迁希望。同时，他还派亲信到各地任职，为其敛财。

据清人赵翼《廿二史札记》记载，刘瑾垮台被抄家时，抄出黄金250万两，白银5000余万两，其他珍宝细软简直无法统计。而正德元年的财政收入为白银200万两，这样刘瑾的财产相当于明帝国150多年的财政收入。他掌权时间不过5年左右，真是日进斗金的敛财高手！

但是，富可敌国的刘瑾结局如何呢？被凌迟处死。行刑过程长达三天，惨不忍睹。据说受过他迫害的人纷纷用1文钱买他一块肉吃，以解心头之恨。

有欲望是可以理解的，但千万要懂得克制，要是不控制，后果真的很严重。

【原典】行坦途者肆而忽，故疾走，则蹷；行险途者畏而谨，故徐步，则不跌。然后知安乐有致死之道，忧患为养生之本，可不省诸？

【释评】走在平坦道路上的人，容易放纵而疏忽，所以快跑就容易摔倒。而走在险路上的人，害怕而谨慎，所以走快一些也不会跌倒，由此可知安乐为致死之道，忧患才是养生最好的办法，怎么能不好好反省一下呢？

确实，在人生路上艰辛困苦之时，凡事殚精竭虑，小心应付，认真面对，往往能化险为夷，获得成功，可一旦功成名就，则志得意满，贪图享乐，锐气全无，最后落个身败名裂的悲惨结局。

在美国阿拉斯加一个自然保护区内，人们一度为了保护鹿而大面积地消灭狼，没了天敌的鹿迅速地由400只发展到了4万只。由于无忧无虑地饱食于林中，鹿的体态日益变得愚笨，昔日的灵秀之气再也不见了。后来，许多植物也因鹿群的扩大而濒临灭绝，鹿也由于食物短缺、体质衰弱而大量死亡。无奈之下，人们不得不把狼再找回来，于是鹿群渐渐地奔跑如飞了，保护区又再现了往日的生机和活力。

所以，孟子告诫人们："生于忧患，死于安乐。"虽然过去两千年了，但这个告诫仍有现实意义。忧患才能激励人更好地生存，安逸享乐会让人萎靡，失去生存的活力。不管对于个人、集体，甚至国家，明白这个道理都是十分重要的，应时刻提醒自己。

【原典】太庙之牺，被文绣，而悔不及鶬鹒深林一枝之乐也。

【释评】太庙中用来祭祀的牺牲品，虽然披红挂彩，风光无限，可到头来它却好后悔，反而羡慕不如小鸟林中筑巢一枝的快乐。

当年楚威王听说庄子有才有德，就派使者带着黄金、锦缎，以及宝马高车，来请庄子出山做楚国的上相。庄子感慨地说："我听说要做祭品的牛，一定要让它披红挂彩，穿锦戴绣，吃最好的食物。当它看见耕牛辛苦地劳作，而吃的喝的又十分粗劣时，就在耕牛面前夸耀自己的富贵荣华。可是有一天，它被请进了太庙，站在刀和菜板面前被宰杀的时候，它再想做一个劳苦的耕牛都已不能了！"于是庄子坚决地拒绝了楚王的聘请，躲进遥远的南华山里去了。

庄子不愧是庄子，世事洞明，敢于取舍。可是，多少年来，有几个人能像庄子这般明白呢？他们也知道高官厚禄会让自己走上不归之路，但富贵荣华的滋味太有诱惑力了，所以他们甘愿冒着这天大的危险，前赴后继地挤进名利场中来，被金钱绑架，最后为金而亡。

【原典】广积聚者，遗子孙以祸害；多声色者，残性命以斤斧。

【释评】广泛地积累财富，就像给子孙留下祸害；喜好声色犬马，等于是用斧子砍杀自己的生命。

众所周知，朱元璋是苦出身，他一出生就挨饿、没衣服穿。所以，他当上皇帝之后，决心要牢牢守住产业，一定要让儿孙们过上好日子，多给他们留点儿。

朱元璋规定他的儿孙们世世代代安享富贵，不必从事任何职业，并制定了儿孙们最低生活保障的标准：亲王每年米五万石，钱二万五千贯，以下的等而次之。而对于手下的官员，待遇却很低。读书人是君子，君子安贫乐道——这是他逻辑的起点。正是这种政策，到明末时皇族人数已达30万人，自然他们的最低生活保障成了明帝国最沉重的财政负担，他们也成了当时最庞大的寄生群体。随着明帝国的灭亡，这帮寄生虫的命运自然好不到哪里去。

声色犬马、吃喝玩乐对于个体生命百害而无一利，它是腐蚀人精神和肉体的毒药。在它面前，人意志消沉，没了前进的动力和勇气，最后只能成为可悲的行尸走肉。

【原典】以众资己者，心逸而事济；以己御众者，心劳而怨聚。

【释评】以民众的力量来帮助自己的人，心情舒畅且事情也会处理得很好。但是如果以一己之力去与众人做抵抗，那就会使自己劳心费力，民众也会将怨气积聚在这个人身上。

在撒哈拉以南广袤的大草原上，有一只壮年雄狮叫帕比，它是11只狮子的首领，曾带领这支队伍夺下了很多领地。有一次，整个狮群已几天没进食了，“饥不择食”的它们决定去攻击一只健硕的大象。11只狮子分别从各个方向有计划地向大象发起进攻，而帕比则转到大象的前面，伺机咬住大象的要害——脖子。大象多次用鼻子抽打帕比，帕比也一次次被大象从空中抛到地上，但它却继续发起攻击。最后大象被狮群打败了。当臣民们开心地撕扯大象的时候，帕比则静静地趴在旁边舔着自己的伤口，直到其他狮子填饱了肚子，它才站起来享受残羹剩饭。

就在与大象战后不久的一天，另一只雄狮来到狮群的领地，向帕比发起了挑战。一般的想法，这次战争只是两只雄狮之间的争霸，但却出现了让人意想不到的场面。当“挑战者”发出了挑战讯号，帕比准备迎敌，身上的伤口还未痊愈，可为了一个家族它必须冲上去。就在这时，意想不到的场面出现了，一只母狮站了起来，挡在了帕比的前面，随后第二只、第三只……所有的母狮都站了起来，站在了它前面！“侵略者”显然从没见过这样的场面，只好灰溜溜地逃走了。

毫无疑问，“侵略者”之所以失败，它不仅是败在数量上，而是败在了民心所向、众志成城上。因为，帕比是一个赢得了尊重的首领，它是母狮们心中永久的王，这不是随便一个谁就可以取代的。

动物如此，何况人呢？一个人，当他站在群众的立场上，努力为大家办事，自然会赢得民心，如若不然，终会众叛亲离，落个身败名裂的下场。

【原典】自信者，人亦信之，胡越犹弟兄；自疑者，人亦疑之，身外皆敌国。

【释评】拥有自信心的人，别人也会相信他，那样无论北方的人、还是南方的人都会和他像兄弟一样；自我怀疑的人，别人也会怀疑他，那样他会有无数的敌人。

赵国的国都邯郸被秦兵包围了，形势很危险。赵王于是派平原君到楚国去，希望得到楚国的救援。平原君门下食客三千，人才济济，他想挑20个骨干随他前往。只挑出了19人，还差1个。正犹豫间，毛遂出现了，他自荐说：您就让我来凑够20，跟您走一趟如何？

平原君对毛遂没什么印象，就问：先生来我这里多长时间了？毛遂说：三年吧。平原君说："在这个世界上，有能耐的人就好比一把锥子放在布袋子里一样，它很快会刺破袋子露出头来的。可你在我门下干了三年，好像从没人向我提起过你。可见，你就是一直躲在墙角的平庸之人啊。你还是待在家里好了！"毛遂则反问："您什么时候把我放到袋子里了？如果我在袋子里，我早就露出头儿来了，何止是头儿，整个锋芒都出来了！所以，今天我才请求把我放到袋子里去呀。"

平原君架不住毛遂请求，只好答应了，主仆20人到了楚国。但楚王不愿意趟这浑水，谈判陷入了僵局。这时，毛遂冲进了议事厅。楚王对这个不速之客很不高兴，斥责他。毛遂毫不畏惧："尊贵的楚王，你如此傲慢，无非是觉得楚国强大。然而在秦国面前，你们是最怯懦的，想想看，这些年秦国多少次欺负你楚国，占了你多少地盘？面对如此奇耻大辱，我们赵国都感到不好意思。如今，我们来联合你抗秦，不仅是想救邯郸，更想替你出头，为你报仇雪恨呢！可是，你还如此胆怯，不敢发兵，你不感到惭愧吗？"

经过毛遂这番慷慨激昂的陈词，楚王终于答应了赵国的要求，赵楚联盟，对抗秦国。

为什么毛遂有如此魄力？答案只有两个字：自信。正是这种自信的勇气，让他成为后人学习的榜样。

【原典】渔猎不同风，舟车不并容。饮食嗜好，礼义贪残，四夷与中国殊若冰炭。至于推诚则不欺，守信则不疑，非但六合之内可行，动天地感鬼神，非诚信不可。

【释评】打渔和狩猎不是一种风格，船和车无法并驾齐驱。饮食爱好，或循礼义，或行为贪婪凶残，周边的民族与中原如冰火般毫不相同。以诚相待就不会受到他人的欺骗，守信就不会让他人怀疑，这样不只是世间所有事都可行得通，感动天地和鬼神也非诚信不可。

我们都知道“一诺千金”的成语。汉初有一叫季布的人，他杀富济贫，仗义疏财，几乎没有办不成的事。最重要的是他说话算数，信守承诺，当时就流传着这样的话：“得黄金百斤，不如得季布一诺。”楚汉相争时，季布为项羽帐下一员虎将，几次围困刘邦，刘邦被他收拾得灰头土脸。后来，项羽失败自杀，刘邦做了皇帝，他即悬赏千金捉拿当年侮辱自己的季布，并下令：有胆敢窝藏季布者灭三族。结果他旧日的朋友周家还是冒着灭族的危险来保护季布，使他得以摆脱了灾祸。

可见，诚实有信的人，就会得道多助，能获得人们的尊重和友谊。反过来，如果贪图利禄，而失信于人，表面上是得到了“实惠”，其实是丢西瓜捡芝麻、得不偿失，甚至是饮鸩止渴的愚蠢行径。

【原典】为善如负重登山，志虽确，而力犹恐不及。为恶如乘骏走坂，虽不加鞭策，而足亦不能制。

【释评】做善事的人像背着重物爬山，志向虽然明确，但还总是怕力气达不到志向的标准。做恶的人像骑马走在下坡路上，虽然不用鞭打马去加速，但依然不能控制它停下来。

2005 年，“感动中国十大人物”获奖者丛飞身边发生的事情即使在今天看，依然让人反思。36 岁的知名歌手丛飞，近十年来，认养资助了贵州、湖南、四川、云南及山东等地区的贫困学生、残疾人和孤儿 183 人，他为孩子至少捐献了 300 万元的善款。后来他被确诊为晚期胃癌，然令人震惊的是，他却拿不出为自己治病的钱。

就在丛飞的家人为筹备医疗费而焦头烂额的时候，他们却不断接到一些来自受助孩子家长的电话，几乎都是询问学费的事情，这事很让丛飞感到无奈。有家长在电话中质问：“你不是说好要将我的孩子供到大学毕业吗？他现在还在读初中，你就不肯出钱了?”“我病了，好几个月都无法演出，暂时没法寄钱了。”“你的病什么时候能治好?”对于这个问题，丛飞也答不上来，因为自从住进医院，医生就没和他谈过出院的事情。丛飞的妻子邢丹说，丛飞曾和她讲：“他将自己送上了天梯，上去后却下不来了。现在他无力再往上走，但也没有下梯之路。”

当我们感动于丛飞善举的时候，不免厌恶那些不合时宜打来电话的“催债者”，人的善与恶在此也就分开了明确的界限。丛飞的善，善得不遗余力，而那些把别人的善意当成了一种理所当然的人，反而不值得人们同情了。

【原典】务名者，杀其身。多财者，祸其后。

【释评】一心谋求声名的人，会招致杀身之祸；而拥有万贯家财的人，灾祸也会不请自到。

古往今来，凡是汲汲于功名，为名所困的，好像下场都不妙。李陵是飞将军李广的孙子，这个孙子就是为名所困的典型。作为名将之后，光环下的李陵很傲慢，他遗传了爷爷的神力和箭术，也有其祖慷慨豪迈的遗风，所以当汉武帝想让他为将军李广利做押粮官时，李陵打心眼里不愿意。李广利何许人？他是汉武帝宠爱的李夫人的弟弟——皇帝的小舅子，此人好吃懒做，又仗势欺人。所以在李陵看来，给这样的人做手下简直有辱李将军的门风。

但李陵不敢公开自己的理由，他说我愿率一支小部队，以助将军。汉武帝不悦，但还是同意了，他告诉李陵，我手中已没了骑兵，只给你一支五千步兵，你愿意吗？李陵只好答应，谁让他吹了牛呢！于是，李陵带领五千步卒从居延山出发了。

途中李陵与匈奴的主力遭遇了。在被对方打败后，李陵投降了匈奴。后来匈奴人又抓了苏武，并派了很多汉奸去现身说法，劝苏武投降。这其中一个就是李陵，李陵和苏武原来还是好朋友。李陵说：“你也回不去了，在这没人知道的地方，你的坚持、你的信义谁能看得见呢?”

合之内可行動天地感鬼神非誠信不可

為善如負重登山志雖確而力猶恐不及為惡如乗駿走坂雖不加鞭策而足亦不能制

務名者殺其身多財者禍其後

善惡報緩者非天網踈是欲成君子而滅小人也

禍福者天地所以愛人也如雷雨雪霜皆欲生成萬物

故君子恐懼而畏小人僥倖而忽畏其禍則福生忽其福則禍至傳所謂禍福無門惟人自召也

又说："人生苦短，如早上露水一般，何必这么苦着自己啊！"苏武断然拒绝了他的劝说。苏武熬过了漫长的19年，最终得以胜利回国，而李陵却背负了千古骂名，这就是区别。

和名相伴的还有利，从某种程度上，与名一样，利也是使人置身危险的导火索。所以，世界上许多富人都乐于做慈善，他们的观念是财富取之于民，还要还之于民，这才是活明白了。

【原典】善恶报缓者，非天网踈，是欲成君子而灭小人也。

【释评】善与恶都是有报应的，报应来得慢的，不是天网疏漏，而是为了成就可以消灭小人的君子。

宋朝的秦桧首倡与金人和议，屈膝投降，是历史上典型的卖国贼。他还大搞特务政治，哪个稍有不满，即遭捕杀。一时忠臣良将，被诛锄殆尽，最有名的是他以"莫须有"罪名害死了岳飞父子。与此同时，无耻之徒受到了重用，小人当道，政治很是黑暗。秦桧临死时，想让儿子秦熺继承相位，但却遭到宋高宗的拒绝。不仅如此，高宗还将秦桧、其子秦熺、其孙秦埙和秦堪一起罢了官。得知了皇上的旨意，秦桧当夜气绝身亡。

活着的时候，没遭什么报应，死后的秦桧却遗臭万年。据说元朝时，人们常在秦桧墓前随意大小便，他的坟被称作"遗臭冢"。到明朝时，有人在岳飞墓前种了叫桧树的树，然后一刀将其劈成两半，号称"分尸桧"；明朝人还浇铸了秦桧、王氏、张俊、万俟卨等四人的跪像，置于岳飞墓前，叫他们永远跪着。

这就是做恶的下场。真是应了那句话："善有善报，恶有恶报"啊！

【原典】祸福者，天地所以爱人也。如雷雨雪霜，皆欲生成万物。故君子恐惧而畏，小人侥幸而忽。畏其祸则福生，忽其福则祸至。《传》所谓"祸福无门，惟人自召"也。

【释评】不管是福是祸，都是上天爱人的形式。就像雷雨雪霜，都是为了万物的生长。所以君子因恐惧这种法则而心生敬畏，而小人则因心存侥幸而忽略这一法则。敬畏灾祸那么福气就到了，轻视福气则灾祸就将降临。因此《左传》说："福与祸的来临没有定数，那都是人自己招来的。"

是福不是祸，是祸躲不过。人活一世，其实都存在一种抽象的命数。老年人常说的一句话是"人在做，天在看。"有了天这个观念，它的好处是明显的：做了善事的人无需自吹自擂，因为"天"会看见；做了坏事的人，也不会心存侥幸，宁愿乖乖跪下来，承认自己的一切过错，因为他所做的坏事已被天公尽收眼底，无需侥幸掩饰，免得受到天的双重惩罚。

归根结底，福与祸并不取决于天，更多的是对自己的坦诚。行善的那一种心安，何尝不是一种福？做恶的那一种恐慌，又何尝不是一种祸呢？

【原典】薄于所亲而责人重者，不可与言交；好名欲速者，不可与共谋；贪而喜诈者，不可与同利害；忍而好胜者，不可与同逸乐。

【释评】对自己的亲人感情淡薄，时常刁难别人的人，不要与他交好；想要迅速名利双收的人，不要与他共同谋事；心贪并且奸诈的人，不要与他有相同的利害关系；城府深并且争强好胜的人，不要与他共同享受安逸和快乐。

越战期间，美军的一颗炸弹落在了孤儿院，几个孩子受了伤，其中一个小女孩伤势严重。幸运的是，正巧一个医疗小组来到这里。医生很快进行了急救，但小女孩由于出血过多，需要输血，可医疗小组没带血浆。于是，医生给在场的所有人都验了血，发现几个孩子的血型和小女孩相同。可是，由于她们只会说一点越南语和英语，她们无法和孩子们有效交流。

女医生只好用仅会的越南话加上一大堆的手势告诉孩子："你们的朋友伤得很重，她需要血，需要你们给她输血。"终于，孩子们点了点头，但眼里却藏着一丝恐惧。他们不吭声，没人举手表示愿意献血。女医生愣住了：为什么他们不肯献血来救自己的朋友呢？难道刚才说的话没听懂吗？

忽然，一只小手慢慢地举了起来，但是刚刚举到一半却又放下了，好一会儿又举了起来，再也没有放下。

医生很高兴，马上把这个举手小男孩带到临时手术室。小男孩僵直着躺在床上，看着针管慢慢地插入自己细小的胳膊，看着血液一点点地被抽走，他的眼泪不断地流了下来。医生问是不是疼了，他摇了摇头。但是眼泪还是止不住。医生觉得可能什么地方弄错了，但是错在哪儿呢？

关键时候，一个越南的护士赶到了孤儿院，女医生把情况告诉了她。越南护士忙低下身子，和小男孩交谈了一下，不久后，孩子竟破涕为笑。

原来，那些孩子都误解了医生的话，以为她要抽光一个人的血去救那个小女孩。想到一会儿自己就要死了，所以小男孩才哭了起来。医生终于明白为什么没人自愿献血了。但是她又有一件事不明白了，“既然以为献血就要死了，为什么他还要来献血呢？”医生问越南护士。

小男孩不假思索地做了回答，很简单，只有几个字，但却感动了在场所有的人。他说：“因为她是我最好的朋友！”

这就是好朋友，没有功利，没有算计，有的是生死与共。

【原典】以忠沽名者，讦；以信沽名者，诈；以廉沽名者，贪；以洁沽名者，污。忠信廉洁，立身之本，非钓名之具也。有一于此，乡原之徒，又何足取哉！

【释评】以忠的名义钓取功名的人，好揭人隐私、短处；用诚信的名义钓取功名的人，往往很奸诈；用廉洁的名义钓取功名的人，往往很贪心；用干净的名义来钓取功名的人，往往很污秽。忠信廉洁是安身立命之本，不是用来钓取功名的工具，所以有其中之一行为的伪君子，他有什么值得肯定的呢？

金庸小说《笑傲江湖》里的岳不群，俨然一个“伪君子”的形象，但他有“君子剑”的美号，他的言行举止，无不得体大方，处处退让，教人佩服。谁知外表这样完美的人，才是最贪婪的人。

与其看到伪君子，我们宁愿遇见真小人。假若一切都可以直白地表现出来，好坏轻易可分，奸忠真实可辨，那这世界，就会少很多美好的虚无，多几分平淡的真实。

【原典】为己重者，不仁。好广积者，不义。足恭者，无礼。贪名者，无智。

【释评】把自己看得很重要的人，不懂仁义；喜好积聚财富的人，不会义气；过分恭敬以取悦别人，不看重礼；贪图名利的人，没有智慧。

卫国的吴起很富有，但他一直想拿钱买个官儿当，结果钱折腾光了，也没做到什么像样的官儿，吴起的行为受到邻居们的一致嘲讽。大丈夫可杀不可辱，一气之下的吴起，抡起砍刀连杀了 30 多人，才算刹住了人们的嘲笑声。接下来，杀人犯吴起亡命天涯，流浪到了鲁国。

机会很快就来了，鲁国要攻打齐国，正在全国范围内选拔大将军。吴起报名参加并最后胜出。可就是这时，有人说他不能做伐齐将军，因为他妻子是齐国人！这可怎么办好呢？吴起又举起了大砍刀，杀了妻子！踏着妻子的鲜血，吴起捧起了鲁国将军印。哀兵必胜，吴起将满腔的悲愤全砸在齐军身上，齐国大败，吴起凯旋而归。

但凯旋的吴起，并没有受到鲁国人的喜欢——这人太狠了，连老婆都能杀，跟他混是不是太没安全感了？于是鲁人来查他，获悉了吴起当年曾连杀 30 人的前科，这样鲁国人合情合理地将他驱逐出国了。

而后，吴起又来到魏国。不久成了魏国的将军，还受到士兵的拥护。但由于吴起太能干了，这引起了魏国权臣公叔的恐慌。公叔的才干一般，但害人却是他强项，在其策划、导演下，吴起又被迫离开了魏国。

但吴起此时官瘾大发，已不能罢手，他又来到楚国，在楚悼王的支持下，吴起成了楚国的改革家，他打击腐败、裁撤冗员、实行财政紧缩政策，很快就收到了实效。但楚悼王死后，身处政治游戏的漩涡中、满脑子名利念头的吴起，此时已身不由己，没了应对危机的智慧。不久，那些改革中利益受损的反对派们，向吴起发动了进攻。吴起的靠山倒了，加之平日刻薄寡恩，没什么人缘，最后他被乱箭射成了刺猬！

仁义礼智信是人伦之"五常"，而像吴起那样自私、自大、无礼、贪婪的人竟将这一切都抛弃了，难怪下场至此！

【原典】功名官爵，货财声色，皆谓之欲，俱可以杀身。或闻之曰：欲可去乎？曰：不可。饥者欲食，寒者欲衣，无后者欲子孙，是甘于自杀也。然知足而不贪，知节而不滛，无沽名之心，而不求功，亦庶几乎欲可窒也。

【释评】获取功名官位，追求金钱美女，这都叫欲望，这些都可以要人命的。有人问：这些欲望能去除吗？回答说：办不到。饥饿的人要吃饭，寒冷的人要穿衣，没儿子的想要有儿子，为了这些甚至死了都行。然而如果能做到知足而没有贪念，懂得节制而不过分，没有沽名钓誉的心思而不急功近利，这样大体上欲望就算治好了。

古往今来，人多活在欲望的世界里。过好日子，追求金钱富贵，获得社会的承认，这是人们生活追求的常态。司马迁就说：天下熙熙皆为利来，天下攘攘皆为利往。老百姓没司马迁那么高深，但一句"人为财死，鸟为食亡"足以道尽了人生众相的本质。

其实，发财致富、成名成家也不是什么不好的事情，最要紧的是把握个度，有个底线。否则为了钱，就可以做出三聚氰胺、瘦肉精、染色馒头之类的事情；为了利，行贿受贿，贪污腐败，如此下去生活中就没了起码的诚信感和正义感，是非颠倒，黑白不分，这比贫穷、落后更可怕。

【原典】立身之道，内刚外柔。肥家之道，上逊下顺。不和，不可以接物；不容，不可以驭下。

【释评】立身行世之本，是内心刚毅外表柔顺。发家之本，在于对长辈谦卑、对小辈平易。少和气就不能很好地待人接物，不包容就不能很好地驾驭下级部属。

这是完美的立身行世的准则，无论修身，还是治家，或是与人交往，要想达到上述高度，都是不容易的，是值得一辈子去学习的。古人非常重视个人的修为，努力把自己培养成一个君子，并且对君子给予最高的礼赞。

司马迁一辈子最推崇的人物是李广，除了李广超群的武功之外，他更敬重李氏的君子品格。李广少年从军，做了 40 多年俸禄二千石、部长一级的高官，可家里却没有多余的钱财，也没置办过什么家产。一个没有贪心的人行事自然光明正大，所以他很容易和手下的官兵打成一片。并且，他也没什么官架子，凡事都身先士卒，行军打仗的时候，如果有时补给跟不上，一旦有了吃的喝的，他先让士兵吃饱喝足，然后才轮到自己，因而他的兵们都甘愿为他出死力。

今天的人应该向李广学习，尤其在利益弥漫的环境里，也应该学做一个君子，追求崇高，活得潇洒坦荡些。

【原典】天下有甚于饥食渴饮之道？而世或以名称，己或以为能事，哀哉！臣之忠、子之孝、弟之悌是也。孔子以文学为孝悌之余事，孟子谓良知良能不出于学，是非圣人，强人以甚难耳。岂爱欲汩其心，而妻子爵禄为贼忠孝之具？间有得臣子之道者，宜乎表出于世，苟以孔孟之道反求诸己，则知舍孝悌不足以为人，移孝悌为忠顺，则立身行己之道当，然世或可称，己何能之有？

【释评】天下有比饿了吃饭、渴了喝水更重要的道吗？可世人有的以名声称扬于世，或许还认为这是个人的能耐，实在悲哀啊！道是臣子尽忠、人子尽孝、弟敬兄长。孔子认为文学为孝顺父母敬爱兄长的余事，孟子说良知良能都不是学习的结果，人不能个个成为圣贤，要人人达到圣人的标准是强人所难啊。难道是爱欲迷失了人的心智、妻子爵位俸禄成为毁灭了忠孝之道的工具？偶尔有遵守为臣之道的人，应当在社会上表彰他，如以孔孟之道来反观自己，就知道舍弃孝悌不足以成为人。将孝悌转化为忠顺，那么立身行己的大道就妥当了，然而世人有的称赞，个人有什么本事呢？

臣子尽忠、人子尽孝、弟敬兄长，古人以为这就是大道，是任何一个人都应遵守的行为准则。可是，有人因为很好地践行了这一行为标准，而自我陶醉，人们也常对此进行褒奖，这就使得做个君子成了了不起的大事，其实这种导向是不对的。

羊羔跪乳、乌鸦反哺，在我们看来是多新奇的事情，但对于羊羔、乌鸦来说，这近乎一种本能，是没什么值得夸耀的。同样道理，一个人孝敬爹娘、忠于国君、敬爱兄弟，也应该是自然而然的行为。

【原典】前辈论医云：云闭门看古方三年，知天下无病不可治。及其出而用药疗疾，知古今无方可用。此无他，闻见力极则止。至于应变，则无有穷尽。噫！岂但论医也，士之学问，其失正在是。苟以是心反之，孳孳旦夜，自不知为有余，纵未能尽愈天下之疾，亦庶几乎十失二三也。

【释评】前辈谈论医术说，只要自己在家中用三年时间看遍古代留下来的良方，天下就没有什么治不了的病了。可真到出去看病时才发现，古代的良方没有一个适用于今天的病症。这没有别的，是因为所见所闻达到一个人的极致就停止了。至于那些应运而生的变动，才是无穷无尽的。嗨！这道理岂止在医术上？做学问的人也是因此才在学识上有所缺失的。如果以这种态度来反观，日日夜夜地努力钻研，明白自己还有很多不懂的地方，纵然不能治尽天下的疾病，但大体上十种疾病中不能治的也就两三个罢了。

闭门造车，原指古代宗法制度规定了所有的计量单位，因此即便所有车匠都关起门来造车，出门以后也可以合乎车辙。可如今的社会，形形色色，变化多端，没有谁可以制定一套绝对执行的方案，也没有人会头脑木讷地去绝对执行，因此，再像古人那样每天将自己圈在一个闭塞的空间里，访古纳贤，熟谙经书，也只会造成一个“闭门造车，出门不合辙”的下场。

所以提高行动力，才是真正的才能。如何将书本上的东西转化成帮助自己立于世的工具，又如何不让自己成为思想的巨人、行动的矮子，行动起来，这才是关键。瞬息万变的社会，以静制动必然不是一种高超的技法。以动制动或许才能在运动中体会高人一筹的胜利喜悦。

【原典】知不足者，好学。耻问者，自满。一为君子，一为小人，自取如何耳。

【释评】知道自己不足的人，喜欢学习。以请教别人为耻的人，是自满自大。一个是君子，一个是小人，关键是看你怎么选择了。

这其实是讲学习态度的问题，也是谈做人境界的问题。就像一个杯子，你不断地注水，当它满了的时候，它就盛不下水了，水只能不断地漾出来。人也一样，当他感到自己已经满了的时候，他就会拒绝一切的注入。虽然，他离满了的程度，还差得很远，但他就是感到自己满了，趾高气扬，目空一切，这时候什么都不在话下，别人都是白痴，只有自己满腹经纶，一切全是我对。

所以，这已不是什么好学不好学的事了，他实际谈的是，做人什么是君子、什么是小人的问题了。历史上那些趾高气扬、盛气凌人、目空一切的人，都被后人所唾弃。

【原典】不自重者，取辱。不自畏者，招祸。不自满者，受益。不自是者，博闻。吉凶悔吝自作非天然，无有不由己者。

【释评】不自重的人，会自取其辱；自我没有畏惧感的人，会招致祸端；不自我满足的人，会从中得到很多好处；不自以为是的人，可以获得广博的见闻。吉凶、悔恨其实没有一个不是自己造成的。

汉武帝时的廷尉张汤，审案子不是以法律为准绳、以事实为依据，而是以皇帝的心情为标准。凡是皇帝想要治罪的，他就交给严酷的官吏去办，皇帝想要宽恕的，他就放在最后审，慢慢地想出释放的理由。张汤如皇帝肚子里的蛔虫一样，每次案子处理得都深合皇帝的心思。有时候，他还在皇帝面前摆出一副铁面无私的样子，作秀给皇帝看。一次，他审理淮南王、衡山王等谋反的案子，皇帝想饶恕同案犯严助和伍被，但张汤义正词严地对皇帝说：严助是您信任的人，可他却辜负了您的信任，和诸侯私下同谋背叛您。而伍被是谋反活动的策划者，如留下二人天下人会怎么想呢？武帝只好同意张汤的判决，处死二人。

就这样，张汤俨然成了法律的化身，天下没谁敢得罪他，凡是和他过不去的，几乎没什么好下场。但他也因此招人恨，很多人为了推倒他而搜集证据。当张汤那些罪行最后一一摆在武帝面前时，他这才明白自己一直被张汤耍了，于是派了八批使者轮番审问，张汤终于自食苦果。眼见活不成了，最后他选择了自杀。

梳理张汤一生的行迹，就会发现：他先是害人，玩弄法律于股掌之上，甚至连皇帝都任他摆布，最后搬起石头砸自己的脚，反害了自己。

【原典】寿夭在天，安危在人。知天理者夭或可寿，忽人事者虽安必危。

【释评】长寿与短命在于天数，可是否安全却在于人本身。知晓天理的人，只要不遇意外一定长寿，但是忽略人事的思考，虽然看似安全，实则处于危险之中。

韩信是成功人士，但也是个悲剧人物。韩信小时候很穷，经常遭到市人欺负，甚至被胯下受辱。但他就是有理想，不屈不挠，虽然穷也不忘佩戴长剑——这是贵族的象征；胯下受辱也并非窝囊，只是他想着大志未成，不能因小失大。

机会来了，秦末天下大乱。韩信成了反秦运动的积极分子，先投奔项梁、项羽叔侄，他期望满满，但并未受到项氏重用，只当了一执戟郎中的小官。他并不灰心，后来又到了刘邦帐下，起初刘邦也没有重用他。

直到韩信遇到了伯乐萧何，由于萧何的极力推荐，才使得韩信走到了历史的台前，成了刘邦的大将军。他接连上演好戏：明修栈道，暗渡陈仓、临晋设疑、夏阳偷渡、木罂渡军、背水为营、拔帜易帜、传檄而定、沉沙决水、半渡而击、四面楚歌、十面埋伏……不可一世的项羽在韩信面前简直无还手之力。

但军事上的强人，政治上却不那么明智。韩信看不出眉眼高低，正当刘邦在荥阳被项羽围个死去活来的时候，他请求做代理齐王，刘邦当时就火了，恨透了趁火打劫的韩信。后来，刘邦和韩信聊天，问他究竟能带多少兵？韩信大言不惭地吹嘘：韩信将兵多多益善，并说皇帝你也就能带10万吧。如此不谦虚的人，刘邦岂能容他？这样，韩信的官越来越小，齐王—楚王—淮阴侯，最后被萧何骗了去，让吕雉给灭了，当时韩信年仅33岁！

可见，忽视对自己的评估，忽略对自己所处环境的清醒认识，不能做到居安思危，深谋远虑，倒霉就是不可避免的了。

【原典】千斤之石置之立坂之上，一力可以落九仞。万斛之舟溯于急流之中，片帆可以去千里，势使然也。若驰群马于平陆，集多士于大庭，非骏足奇才，不可得先。

【释评】将千斤重的石头堆放在陡峭的山坡上，轻轻碰一下就可以让它飞落九仞！很重的小船在急湍的河流中，一张帆就可到达千里之外，这都是外力使它这样的。就像群马飞驰在平原之上，能将他们聚集在一起，非骏马奇才不可。

俗话说“一个篱笆三个桩，一个好汉三个帮”。社会上，注重团体合作，团结可以团结的对象，借力使力，无疑都是最聪明的人，也是笑到最后的成功人士。而那些独行侠，往往成为可叹的失败者。

楚汉相争，强人项羽败给了刘邦。项羽出身贵族，武艺超群，力能扛鼎，万马军中取上将人头，如探囊取物。而且，敢于下本钱，巨鹿之战，破釜沉舟，他以5万楚军居然敢向40万秦军发起攻击，结果项羽大败20万秦军，秦军遭受重创后，其余20万为之胆破而降！

而对手刘邦，市井小混混出身，但刘邦的强项却是能联合所能联合的一切力量，为自己所用，他文有张良、陈平，武有韩信、英布、曹参、周勃、樊哙，后勤有萧何，可谓人才济济，全都是刘邦的心腹。刘邦就是借用一个团队打败了孤单英雄项羽。

项羽虽然勇猛善战，但他的营垒似乎从未形成过一个团队，一直是项羽四面出击唱着独角戏，他只有一个可信任的范增，但就是忠心耿耿的范增，后来也被陈平使用离间计，项羽把他赶出了决策圈。其余的人多是摇摆不定的中间分子，或敌或友，就连项羽的小叔项伯，在关键时刻也胳膊肘朝外拐，倒向了敌手刘邦。

纵观那些能够一呼百应的成功者，其奥妙就在于他能借力使力，团结所有人，开掘集体智慧，把团队的资源变成自己的优势。

【原典】人之有过失，犹身之有疾病，攻之以药石，诲之以廉耻，虽过失，不害为贤者；虽疾病，不失为全人。

【释评】人有过错和失误，需以廉耻之心来悔改，就像身体患了疾病，要用药物去治疗一样。能这样做的话，即便有过失，也不影响他做一个贤者，也不失一个健全人的资格。

人非圣贤孰能无过？知错能改善莫大焉。没有谁会一生优秀，毫无半点瑕疵。

上文所说的汉高祖刘邦，草根出身的他攻破咸阳，进入皇宫后，眼睛都不够使了，富丽堂皇的宫室、美轮美奂的帐幕，以及光灿灿的金银宝物，还有数以千计、让人垂涎的美女，所以，他的第一念头就是住进宫里去，好好享受一下胜利果实。大将樊哙就劝他不要这样心急，但刘邦不听。无奈之下，张良出场了，他说："秦朝正因暴虐无道，所以您今天才能到了这里。您替天下铲除凶残的暴政，就该以清廉朴素为本。现在刚刚攻入秦都，就要安享富贵，这不是助桀为虐吗？和贪图享乐的胡亥有啥区别？希望沛公能够听从樊哙的意见。”刘邦这才回车驻到霸上去。

尔后刘邦继续采纳张良的建议，实行稳定人心的安民措施，废除了秦朝繁杂的刑罚，老百姓获得了宽松的生存环境，一时间刘邦成为了百姓心中的救世主。

所以，刘邦了不起，开创大汉帝国400年的基业。人生不怕犯错，怕只怕知错却不能改。

【原典】为善者不云利，逐利者不见善，舜跖之徒自此分。舍生取义，固不可得。见利思义，圣人亦取之。殆哉！不可言。况可为乎？孟子答梁惠王之言，至矣。

【释评】做善事的人从不谈利益，追名逐利的人看不到他做善事，由此，高尚的人与卑劣的人就可区分出来。舍弃生命去换取道义的实在少见。见到利益先想到道义，只有圣人才会这样做。危险啊！见利忘义是不可随便说的，何况去做呢？孟子对梁惠王说过的话，就是最好的回答。

孟子答梁惠王问，说来很经典，就是鱼我也喜欢，熊掌我更喜欢，如果二者不能同时都拥有，那我就只好要熊掌了。活着我喜欢，道义我也喜欢，如果两样不能同时有，那么我就牺牲生命而选取道义了。

这不是一般人能做得到的，司马迁曾因替投降匈奴的李陵辩护，被汉武帝处以了宫刑，而后他又在人们的嘲笑声里活了8年。就这样，司马迁依然坚持了下来。这就是司马迁的生死观。生命的意义就是完成道义，何时生何时死并不重要，全看道义能否实现。

【原典】口腹不节，致疾之因；念虑不正，杀身之本。

【释评】管不住自己的嘴和胃，就会生病。心中的念头不端正，就会有杀身之祸。

贪图口腹之欲对于健康是有害的。不仅如此，欲念过多对人生也是不利的，如果这欲念是歪的、邪的，那危害可就更大了，不仅祸及自身，而且可能祸国殃民。

汉朝有一对美女姐妹，名曰赵飞燕、赵合德。她们虽然出身贫寒，但歌喉迷人、舞技高超，加之天生丽质，赵飞燕先被汉成帝给看中了，于是招进宫来。

面对舞艺超群的赵飞燕，汉成帝如获至宝。并且，赵飞燕不仅多才多艺，而且心思缜密，野心勃勃。为了牢牢抓住皇帝的心，她首先想到的是将自己的妹妹赵合德推荐给了成帝，成帝自然是来者不拒。姐俩各有千秋，为讨好姐妹，二人的话，成帝言听计从。

姐妹俩遂再接再厉，首先设计害死了许皇后，飞燕如愿当了皇后，合德成了昭仪。而后，姐妹俩为保住来之不易的地位，心狠手毒，残害了很多后宫的妃嫔。

故事的结局就是成帝先生书写了“牡丹花下死，做鬼也风流”的传奇，不过后来随着皇帝的死，赵飞燕两姐妹的好运也就此终结，先后被迫自杀。看来邪恶的欲念真是害人害己！

【原典】骄富贵者，戚戚。安贫贱者，休休。所以景公千驷，不及颜子之一瓢也。

【释评】在乎富贵的人，常常担心这个忧心那个。安于贫贱的人，则每天安闲快乐。所以齐景公有千匹高头大马的财富，可他却赶不上颜回一箪食一瓢饮那样活得快活。

幸福是一种感觉，它和财富的多少、地位的高低无关。街头一个拾荒者，夕阳西下，他捡了满满一车的纸壳、矿泉水瓶之类，哼着轻快的歌儿往家走，此时他的幸福感不比日进斗金的富豪差。一个商人，你看他衣冠楚楚，宝马香车，可不知道他正为如何应对金融危机而闹心呢，他此时的幸福感未必比一般人高。

本来，钱是为人服务的，可是有时反过来了，人却成了钱的奴隶，钱主宰了人的一切。为了守住钱，人挖空心思，夜不能寐；为了得到更多的钱，人尔虞我诈，坑蒙拐骗，这还有什么快乐幸福而言？

所以，佛家主张放下：放下财富，放下官位，放下名声，放下一切诱惑。儒家讲安贫乐道，提倡过一种简单而充实的生活，这都是人生智者的智慧思考。生活中也是这样，像颜回那样虽贫穷，绝不担心小偷上门；像陶渊明那样弃官回乡，绝不会对那些达官贵人卑躬屈膝。他们虽然不富有，甚至卑微，但其内心却自由而强大，精神却自在而安闲！

【原典】外事无大小，中欲无浅深。有断则生，无断则死，大丈夫以断为先。

【释评】人生的事情无论大小，心中的欲望无论深浅，敢于决断就能存活，不能决断就无法生存，所以大丈夫的素质要以善决断为第一。

俗话说：当断不断必受其乱。可见关键之时敢于决断的重要性。而衡量一个人水平高低的标准虽多，但能在关键时候，根据形势、条件、利弊做出正确的判断、敢于出手的，无疑是了不起的人物。无论是战场，还是商场，凡是成功人士，一定是敢于做正确决断的人。

不仅重大场合需要决断，就是柴米油盐的日常生活里，也每每需要做出决断，只有判断准确、选择正确的人，才是人生的智者。大到投资一笔生意、选择一个与自己终身相伴的佳偶、参加一场重要的考试，小到中午吃什么、出门穿什么样的衣服、见客人该怎么说话等，都要做出正确的衡量。可以说，人生简直就是一个个选择的链条构成的。

所以，要慎重选择、理性选择、智慧选择，因为选择与判断将直接影响我们人生的走向。

【原典】人皆有好生恶死之心，人皆有舍生取死之道，何也？见善不明耳。

【释评】人的本心都是希望活而厌恶死，但人又常有舍生取死的举动，那是什么原因？皆因未能分清善恶。

中国传统讲：“身体发肤，受之父母，不敢伤，孝之始也。”是说孝敬父母的开始就是爱护自己，珍惜生命。但中国传统文化又讲：舍生取义。孟子就说："鱼和熊掌不可得兼，舍鱼而取熊掌者也。生和义不可得兼，舍生而取义者也。"其实这两种情况并不矛盾，前者珍惜生命与后者敢于去死都是善行，都是对的，前者是尽孝，后者是尽义，所以关键看条件和目的如何。

所以，自古以来有很多舍生取义的伟丈夫，比如楚国的屈原、唐朝的颜真卿、南宋的文天祥、晚清的谭嗣同与陈天华等，可以列出长长的一大串名字，由于他们敢于死，敢于为国家、民族而死，所以他们走进了中华民族的英雄史册，被后代人敬仰。

【原典】教子弟无他术，使耳所闻者善，言目所见者善，行善根于心，则动容周旋，无非善。譬如胡越交居，再世则语音变，幼则视父兄，长则视朋友，虽然，善恶有种，视先世如何耳。

【释评】教育孩子没有别的方法，就是让他的耳朵听的是善言，眼睛看的是善行。如果善源于心，那么一举一动周旋应酬，就都会是善的。就好比南方人、北方人杂居在一起，过了两代语音就变了，这是因为幼年看着父亲哥哥，长大了会交朋友，即使如此，善恶有因，还得看祖上是怎么样的啊。

环境对孩子的成长的确很重要。而环境又有内外之别。所谓外在环境就是社会环境，荀子早就说过：蓬生麻中，不扶自直；白沙在涅，与之俱黑。典型的例子就是孟母择邻。孟子幼年丧父，而孟母十分睿智，她能敏锐地意识到周边环境对儿子成长的影响。她果断地离开了不利于儿子成长的住处，经过三次搬迁，最终选择了一处学堂边定居下来。

除了外在因素，还应多注意家庭——内在环境对孩子的影响。父母是孩子的第一任老师，小孩子一出生，就会瞪着一双无邪的眼睛，观察着这五彩缤纷的世界，父母的喜怒哀乐就是他了解世界的直接窗口，父母喜欢什么、反对什么，直接成了孩子好恶的导向。所以，做父母的一定要注意自身言行。

【原典】有过能悔者，不失为君子。知过遂非者，其小人欤。

【释评】犯了错误能悔改的，不失为君子品行。知道自己错了，还掩饰并继续错下去，那肯定是个小人了。

谁也不是圣人，谁都难免犯错。但对待错误的态度却可看出做人的境界，凡是知错能改的人，一定是一个光明磊落的君子；犯了错误，却文过饰非、欲盖弥彰的，一定是个鼠窃狗偷、见不得阳光的小人。

战国时赵国舍人蔺相如奉命出使秦国，不辱使命，完璧归赵，所以被封了上大夫；其又陪同赵王赴秦王设下的渑池会，使赵王免受侮辱。为表彰蔺相如，赵王封蔺相如为上卿。老将廉颇居功自傲，对此不服，而屡次故意挑衅说："以后让我见了他，让他下不了台。"蔺相如以国家大事为重，始终忍让。后廉颇终于顿悟，向蔺相如负荆请罪。将相和从此成了一段佳话。

相反的例子，秦朝的李斯，在秦始皇死后，被赵高拉上贼船，立胡亥为君，杀了秦皇的长子扶苏，辜负秦皇的一番信任，酿成大错。但李斯出于严重的私心，并不悔改，而是将错就错，以致秦末的政局大乱。从某种程度上，李斯简直就是秦王朝的掘墓人！刚登基的胡亥要杀人立威，许多王子公主、贵族王公遭到了残酷的清洗，一时间人人自危。但李斯为了逢迎胡亥，却上了一道奏章《论督责书》，认为杀人还不够，惩罚还太轻，对不服从的人应该下手更狠点，要以严刑酷法和独断专行来统治整个国家。可想而知，没有活路的老百姓只有一条路，就是造反，于是秦末农民起义风起云涌，盛极一时的秦朝终于被灭亡，李斯也没得到什么好下场，李氏一门被夷灭三族，腰斩处死。这就是小人的悲惨结局！

【原典】官爵富贵，在人谓之傥来。道德行义，在我谓之自得。傥来者足以骄妻妾，自得者可以轻公卿。君子所以修天爵而人爵从之。

【释评】高官厚禄，对于人来说属于偶然的获得。高尚的道德品行，在于自身，是自我修养的结果。那些偶然获得的富贵，只能使人在妻妾面前骄傲自大，靠自己修养获得的高尚德行，足以藐视公卿富贵。因此君子重视道德修养，小人看重得只是爵位。

古往今来，选什么样的人做官始终是个大问题。最初的办法就是看德行。比如尧老了，就把位置让给德行高尚的舜，等舜老的时候多少有些犹豫：是传给儿子丹朱呢，还是传给有德有才的禹呢？如果传给丹朱，就丹朱一人得好处，而倒霉的可能是老百姓；如果将权力交给禹，仅对丹朱一人不利，但换来的却是天下老百姓的幸福。所以舜最终还是将权位给了禹。

孟子曾说过这样的话：仁义忠信是天赐的爵位，高官厚禄是人授的爵位。古人修养自己的品行，做一个光明磊落的君子，从而获得了天赐的爵位，这时他就会很自然地得到人授的爵位。许多靠德行高尚进入仕途，但到后来却身败名裂的，原因就是他们将“天爵”当成了敲门砖，一旦当了官，道德良知、理想信念这个敲门砖就没用了，像秦朝的李斯、汉朝的梁翼、唐朝的元载、明朝的严嵩、清朝的和珅等。

【原典】事亲有隐而无犯，事君有犯而无隐，事师无犯无隐，圣人不易之论也。古之所谓犯者，以己所见而陈之于君，不以犯上为犯也。后世所谓犯者，处卑位而言非其职，徒以沽名之心务行其说，直前诋讦，无益于世。愚以谓若能以事师之道事君，无隐则不敢逢君之恶，无犯则不忍暴君之失，谏可行，言可听，膏泽可下于民，不亦美欤！

【释评】侍奉父母可以忽视父母的过失，而不可冒犯父母。侍奉君王可以犯颜直谏，而不可欺瞒。侍奉老师既不可冒犯其言，也不可欺瞒，这些都是圣人定下的规矩。古代所谓犯言直谏，就是以自己所见来向君主陈述，犯言直谏并不是冒犯君王。后世所说的冒犯君王，是指处于卑贱的地位而说些不是自己职务所该说的，不过是以沽名钓誉的念头来推行自己的说辞，直接诋毁攻讦君王，这没什么好处。我认为，如果能以侍奉老师的精神来侍奉君王，没有隐瞒的就可不去刻意逢迎君王，没有冒犯的就不用容忍暴君的过失，劝谏可以收到效果，说的话君王也听，还能给老百姓带来好处，这不是很好的事吗?

唐代的魏征曾经有过一个独特的言论。他说他不想当忠臣，而想当一个“良臣”。当魏征在朝堂上公然说出这番话的时候，李世民大为诧异：“忠臣和良臣有什么区别吗?”魏征说：“所谓‘良臣’，应该像稷、契、皋陶那样，身获美名，君受显号，子孙传世，福禄无疆；而所谓‘忠臣’，只能像龙逢、比干那样，身受诛夷，君陷大恶，家国并丧，空有其名。从这个意义上说，二者区别大了!”李世民恍然大悟，“深纳其言”，立即赐给魏征500匹绢。

魏征的这番言论听起来似乎很有颠覆性，其实只是说明了这样一个道理——当臣子的固然要对君主效忠，但这种忠却不应该是“愚忠”，而是“巧忠”。也就是说，进谏并不是一味蛮干，而是要讲究力度、角度、限度，以君王乐于接受为条件，以刚柔相济、恰到好处、切实可行为美。

【原典】欲去病，则正本。本固，则病可攻，药石可以效。欲齐家，则正身，身端，则家可理，号令可以行。固其本，端其身，非一朝一夕之事也。

【释评】想治好病，就要身体强健。身体强健了，病患也就可以攻克，药物也可以产生效力。想要管好家，就要品行端正，自己品行端正了，家就可管好了，号令就可以得到施行。而身体强健，品行端正，不是一朝一夕就能做到的事情。

谁都知道，再好的刀枪药，也不如不割口。身体强健了，才能百病不侵，即使有点小病小灾，也能扛过去。推而广之，人的道德修养也是一样。它是一个人立身行世的根本，无论治家还是治国，一个高尚的人能带领民众走向光明的前途，民众才能真心拥护他，正如孔子所说“其身正，不令则行。其身不正，虽令不从”。历史上的文景之治、贞观之治、康乾盛世等，都和统治者的以民为本、官吏清明有关。

其次，高尚的道德也不是一天就养成的，需要长时间的刻苦自励才行。人性里面有恶的、邪的东西，并且这股力量很强大，稍一放松就会膨胀，人就会变成魔鬼。隋炀帝杨广是历史上有名的坏皇帝，可早期的杨广并不是恶魔，他是个很有才华的人，颇有文学才能，并且在政治上是积极进取、有大抱负的人物。他营建了洛阳、开凿了大运河、完善了科举制、融合了南北文化、亲自打通了丝绸之路等。

只是后来，隋炀帝变得贪图享乐，好大喜功。他昏招迭出，国不堪负，民不堪命，以致大好局面被风起云涌的农民起义淹没。面对乱局，皇帝自己也很无奈，他也想力挽狂澜，但为时晚矣。

有人说，如果隋炀帝早死 10 年，那他一定是历史上唐宗宋祖一般的皇帝模范。可他后来的所作所为，使得人们将他前边的业绩一笔勾销，反而成了中国历史上名声最差的皇帝。

【原典】事亲孝者，事君必忠，何以知之？良知固存，虽妻子不能移其爱。推此以尽为臣之道，则爵禄安能易其守？子惟知有亲，焉得不孝？臣惟知有君，安得不忠？所以良知者，其可忘乎？

【释评】对爹娘孝顺的，对君主一定忠诚，凭什么这样说？如果良知存在，即使是妻子孩子也不能改变这种爱，将这种爱推广开来就足以完成臣子的道义，那么爵禄怎么能改变他的操守？儿子心里有爹娘，怎么会不孝敬？臣子心里有君主，怎么会不忠诚？因此良知这个东西，怎么可以忘掉呢？

人之初，性本善。这个善最基本的就是对父母的感激，感激父母给了自己生命，给了自己长大成人的条件，所以，儿女孝敬爹娘实际是一种很自然的行为，这就叫良知，也是本性。

儒家讲，如果将孝道推而广之，以此来侍奉君王，这就是忠诚。一个人在家里是个孝子，那他为君王服务，为国家效力，他就会忠于君主、热爱国家，做个忠臣。屈原就是以孝敬父母的心来辅佐楚王，他替楚王出使齐国，加强齐楚联盟，以对抗虎狼之国——秦国。在国内他帮助楚王制定法令以修明法度，任用贤人以实现美政。后来，楚王受小人蒙蔽，疏远屈原，排斥贤明，楚国日益衰落，屈原最为痛心疾首。但即使这样，屈原依然忠于君王、热爱国家，他拒绝像一般士人那样出走他

以禮義為交際之道以廉恥為律己之法遊息於是朋友見欽而不敢欺妻子取法而不敢侮盡思患預防之理所以譬之四維其可廢而不張乎

畋獵聲色之娛易而難反車服口體之奉相尚而無厭皆非逸豫安樂之道静吉動凶德休偽拙聖人戒告甚切至反身而求樂莫大焉知此為君子昧此為小人

恐懼者脩身之本事前而恐懼則畏畏可以免禍事後而恐懼則悔悔可以改過知者以畏消悔愚者無所畏

国，另谋人生出路，最后他抱石沉江，以死来殉国。

有人讥笑屈原愚忠，其实忠君就是屈原做人的底线，就是他的良知，这也是屈原千百年来被人记住的原因。

【原典】父慈子孝，兄友弟恭，相须之理也。然子不可待父慈而后孝，弟不可待兄友而后恭。譬犹责人以信，然后报之以诚。尽己之当为，君子所以立身之道，非求备于人也。

【释评】父亲慈爱儿子孝顺，哥哥友爱弟弟恭敬，这是相互依存的天理。但儿子不能因为父亲慈爱才行孝道，弟弟不能因为哥哥友爱才去恭顺。就像要求别人守信，然后自己才报之以诚信一样。尽自己所应当做的，才是君子立身之道，而不要对别人求全责备。

一般说，每个人的一生都要面对三件事。第一件事是老天的事。可老天的事我们管不了，怨天尤人是徒劳无益的。第二件事是别人的事。人人都有行事准则，或爱财或享乐，或自律或君子，谁都管不了，也改变不了。第三件事就是自我的事。相信我们能管好自己，适应环境，调整内心，积极面对生存的艰难。

可生活中，有人常常埋怨朋友不守信、亲人冷漠、社会不公，诸如此类，仿佛谁都对不起自己，其实这是一个误区。我们不应该指望今天付出了，明天就会得到相应的回报，因为生活不是像加减法那么简单、清楚的。最重要的是做好自己。学会在纷扰的环境中有自己的人格底线，凡事不要有那么明确的功利指向，借鉴陶渊明的一句话，就是“虽未量岁功，即事多所欣”！毋需算计有多少收成，眼前的事就让人感到快乐了。

【原典】以礼义为交际之道，以廉耻为律己之法，游息于是，朋友见钦，而不敢欺。妻子取法而不敢侮。尽思患预防之理，所以譬之四维，其可废而不张乎。

【释评】以礼义作为和人交往的准则，以廉耻作为要求自己的法度，以此为行止的原则，朋友见了钦佩，而不敢欺辱。妻儿有法可取而无人敢轻慢。有了预防灾祸的充分准备，就像礼义廉耻之四维的确立，无人可以废弃而必须伸张。

在古代社会，礼义廉耻是人们行走世间的准则，是每人必须遵守的道德规范。一个人从童蒙时代起，就开始接受《弟子规》、《三字经》的教育，然后“四书”、“五经”一路下来，循序渐进地把他培养成一个方正有为、光明磊落的人。

可是，耐人寻味的是，在如此细致的教化之下，还是有许多人成了卑劣奸诈、自私贪婪、阴险冷酷的小人。时至今日，贪污腐败、杀人越货、利欲熏心、损人利己等缺德少行的人和事依然存在。此类人等，要想得到后世的尊重，无疑是缘木求鱼，不仅如此，其结局往往都一致的悲惨，不仅祸及自身，甚至还要殃及家人。

在巨大的利益诱惑面前，人性的丑陋往往毕露无遗。所以光靠教化是不行的，更要有强有力的监管、监督，如果干坏事时就想到“莫伸手，伸手必被捉”，而且代价很大、成本太高，那坏人坏事一定会大大减少。

【原典】畋猎声色之娱，易而难反。车服口体之奉，相尚而无厌。皆非逸豫安乐之道。

【释评】打猎游荡、声色犬马，沉迷其中就很难回头。豪车华服吃的用的，互相攀比也没有厌烦的时候。这都不是快乐幸福生活的根本。

和珅是有名的大财主，据说，他倒台了以后，从他家里搜出的金银财宝达 11 亿两之多，当时清朝政府一年的财政收入才 7000 万两，而和珅的个人财产就相当于清王朝 15 年的财政收入！故民谚有云“和珅倒，嘉庆饱”。明朝的严嵩父子，也是捞钱的高手，严嵩倒掉之时，家中财产也有 200 万两之多！可是，垮台的严嵩，每天却只能拿一个破碗，在田野的坟间游荡，靠捡些坟上的供品活着，这样挨了一年多，最后冻饿而死。

不积善行德，一心追名逐利，渴盼富贵，到最终又有什么用呢？

【原典】静吉动凶，德休伪拙，圣人戒告甚切。至反身而求，乐莫大焉。知此为君子，昧此为小人。

【释评】静止不动吉祥，运动奔波则凶险，德行高尚则善良，虚伪则拙劣，这是圣人诚恳告诫的。如能迷途知反，就最好不过了。知道这个的就是君子，对此糊涂的就成了小人。

人长一双手，就可能会去抓、去拿，甚至去偷、去抢；人生两条腿，也会为金钱富贵而奔波，跑来跑去争名夺利。而在这无休止的“运动”中，难免会挖空心思、经营算计，难免损人利己、坑蒙拐骗，甚至祸国殃民，到头来大祸降临，悔之晚矣！所以回头想想，口是心非、谋划不已其实是最愚蠢的，所谓“机关算尽太聪明，反误了卿卿性命”。

三国时名将吕布算就是其中典型人物。此人不仅骁勇，而且相貌堂堂，仪表非凡，典型一美男，时有“人中吕布，马中赤兔”之说，如其凭借一身好武艺未尝不能建立功名、光宗耀祖。可是他谋划算计，总想走捷径、找靠山，先是投靠丁原，拜之为义父，待丁氏失去价值，吕布杀之；又转投董卓，亦奉为干爹，但王允以美女貂蝉相诱，结果吕布又杀董卓。吕布一辈子多方投靠，唯利是图，哪一次也不长久，终于在欲投曹操时，被清醒的曹操缢杀。所以陈寿评他：“吕布有虓虎之勇，而无英奇之略，轻狡反复，唯利是视。自古及今，未有若此不夷灭也。”

教训真是惨痛。可见，建立善良德行多么重要，而虚伪狡诈实际最为拙劣，明白这些的就是君子，否则即小人矣！

【原典】恐惧者，修身之本。事前而恐惧，则畏。畏可以免祸。事后而恐惧，则悔。悔可以改过。知者以畏消悔，愚者无所畏，而不知悔。故智者保身，愚者杀身，大哉！所谓恐惧也。

【释评】恐惧，是修养身心的根本。事前知道恐惧，就害怕，害怕就可以免除祸患。事后恐惧，知道后悔，后悔了就可以改正过错。智者因为害怕而消除后来的后悔，愚笨的人无所畏惧，就不知道会后悔。所以，智者能保全生命，愚者就丢了性命，可真了不起啊，恐惧！

唐太宗李世民说过，皇帝应该自守谦恭，心存畏惧，每说一句话、每做一件事，都应上畏苍天、下畏百姓，即使这般常谦常惧，也担心有些事不合天意，对不起亿万百姓！所以，李世民才成了模范皇帝的典型。朱元璋也有相同的认识，有一次他问大臣：天下何人最快乐？一时间群臣答案纷纭，有一个叫万钢的说："畏法度者最快乐！"朱皇帝认为最有见识，称赞不已。

皇帝尚且心存害怕之意，大臣也有懂得其中深浅的，据说战国时鲁国有个丞相，叫公仪休。此君最爱吃鱼，于是许多人为巴结他，都纷纷送鱼给他。他则坚决拒绝：我是喜欢吃鱼，但吃了你们送的鱼，我怕以后就再也没鱼吃了。一个怕字，使他平安度过官场的惊涛骇浪，平安着陆。

大凡那些身败名裂、下场悲惨的，基本上都是心存侥幸而无所畏惧的人，他们胆大包天，为所欲为，结果在不归路上越走越远，直到掉进万劫不复的深渊。

【原典】心可逸，形不可不劳；道可乐，身不可不忧。形不劳则怠惰，易弊；身不忧则荒淫，不立。故逸生于劳而常休，乐生于忧而无厌。是逸乐也，忧劳其可忘乎？

【释评】心可以放松，但身体不能不劳顿；大道可逸乐，但身心不可不忧患。身体不劳顿就容易倦怠懒惰，容易出毛病；身心无忧患则荒淫，无法立于世。所以出于劳苦的闲逸常有所休止，出于忧患的享乐有时也无法抑制。安逸享乐的时候，怎么可以忘记忧患劳碌呢？

老百姓说，没有受不了的罪，但有享不了的福。苦难往往激发起人的斗志和勇气、实践也证明，许多成大事的人都起于贫贱、困苦之时。

高适是唐代大诗人，他的诗句"莫愁前路无知己，天下谁人不识君"，被后人广为流传。然而，在他55岁之前的人生是很悲苦的。他先后客居宋中30年，二入长安，一游燕赵，最艰难的时候甚至乞食度日。就在这样的困境之中，他创作了大量好诗，奠定了作为盛唐杰出边塞诗人的崇高地位，与岑参并称“高岑”。安史之乱时，56岁的高适时来运转，他被唐肃宗李亨看上，先后出任为淮南节度史、剑南节度使等职，成了唐帝国威震一方的藩镇诸侯，最终封渤海县侯。但他当了大官之后，基本上就没写出什么像样的诗来！究其原因，自然是生活安逸，使他忘记了忧劳，也失去了创作的激情和欲望。

“生于忧患，死于安乐”，这是两千多年前的哲理，放到现在来讲，一样适用。

【原典】毁誉杂至，观其事，则毁誉明；善恶混淆，公其心，则善恶判。此在上之职也。若智効一官，能効一职，行其所当为，而不问毁誉，立乎其中道，则善恶如白黑也。

【释评】诋毁和赞美交杂在一起，则观察其行事，诋毁和赞美就会容易辨别清楚；善与恶混在一处，如以公心判断，善与恶也能清楚地辨别。这些都是上级官员的职责所在。如果一个人智力足以做一官，能力胜任一个职位，做一件他能做的事，不在意人们的诋毁和称赞，而只站在中庸的立场，那就善恶短长如同黑白一样的分明。

三国时期善于品鉴人物的刘邵说：“一个官员的责任是以一味协调五味，一个国家的统治者是以无味调和五味。”

最高明的领导，其要点是知人，而不是做事。他不必事事精通，无所不能，包打天下，他的第一要务就是秉承公心，洞悉人情，明察善恶，把握手下员工的所思所想，然后有的放矢，知人善用，发挥其所长。

所以尧做帝王时，舜做司徒，契做司马，禹做司空，后稷管农业，伯夷管祭祀，皋陶管司法。这些细务尧都放手不管，尽可悠闲地做着帝王，而那几个人怎么会心甘情愿地做臣子呢？这是因为尧深知其各自的才能，然后量才使用，让他们每人都满足于成就一番事业之中。而这些人，即使面对一些流言和非议，由于出于公心，也由于深得最高领袖尧的信任，因此毫不胆怯，按着自己的人生方向，努力前行，放手工作。这就叫君臣相契、上下相得，实在是令人羡慕的境界啊。

【原典】古之人修身以避名，今之人饰己以要誉。所以古人临大节而不夺，今人见小利而易守。君子人则不然，无古、无今、无治、无乱，出则忠、入则孝，用则智、舍则愚。

【释评】古人修身养性，并以此躲避虚名，今天的人则只想获取声誉。所以古人在关键之时不改其志，今人见小的利益诱惑则容易失掉操守。君子则不是这样，他没有古代、今天、治世、乱世的区别，在朝廷尽忠，在家尽孝，重用他，他就充满智慧，不用他，他就是一副愚拙的样子。

上述三种人，如果让我们选择，当然要选做君子。但君子之路还是颇有难度的，他不管时间流转，也无论太平盛世，抑或是乱世动荡，都能在朝廷尽忠，在家中尽孝，用之则行，舍之则藏，不喜不惧。无疑，这是理想的人格境界，非常人所能为。

如果你做不来，至少也做一个修身以避名、临大节而不夺的人，就是平时不沽名钓誉，关键之时坚持住做人的底线。狄仁杰可谓是这种人的代表。他是一个断案高手，在他任大理丞的一年里，判决大量积压案件、纠正许多冤假错案。不仅如此，狄仁杰不畏权势，敢于为民请命，即使身陷牢狱，有性命之忧，也敢出头。

武则天晚年，在选择继承人的问题上犹豫不决，她想立侄子武承嗣。狄仁杰等一些老臣则希望她死后恢复李唐社稷，但又不敢直说。最后还是狄仁杰晓之以理：谁都知道，母亲死了，儿子自会年年祭奠她，香火不断。可谁也没听说，姑妈死了，侄子为她年年烧纸祭奠的。武则天终于明白了，之后传位给儿子李显。唐王朝由此得以延续，所以后人称赞狄仁杰是“唐室砥柱”。

做人就该这样，不畏权势，同时在具体策略上，又能机动灵活，迂回前进。

【原典】事亲孝，则专其爱，而妻子不能移。事君忠，则尽其职，而爵禄不能动。竭力于亲者，不必须士类；致身于君者，不必问品秩。

【释评】孝顺父母双亲，需专心致力于这种爱心，就连妻儿也不能改变。侍奉君王忠贞，要尽心尽力地完成自己的职守，即使高官厚禄也不能动摇。竭力侍奉父母的，不必都是士大夫之类的人；努力效忠君王的，不要问他官位有多大。

孝敬父母，忠于职守，应该是再正常不过的事情。只要尽心去做了，谁都很了不起。三国时期，东吴有一良将，名曰周泰。此人出身卑微，但他尽心尽责，努力做一个军人该做的事情。一次战斗，吴主孙权遭遇危险，周泰奋不顾身，舍死相救，身中数枪，终于确保主人无恙。但很多人认为周泰出身低贱，很看不起他。孙权一次宴请众将，逐一为大家斟酒。当来到周泰面前时，孙权请周泰脱下外衣，每数他身上一道伤疤，便敬他一杯酒，最后动情地说：战场上，你英勇杀敌，毫不顾惜自家的性命，尽了一个军人的责任。而且你救了我的命，今后你就是我的兄弟啊！从此，东吴军中无人不钦佩周泰。

【原典】黼藻太平，戡定祸乱，可以谓之忠乎？苟有隐于君，不若愚下不欺之忠也。列侯而封，击鲜而食，可以谓之孝乎？苟有违于亲，不若贫贱养志之孝也。

【释评】美化太平盛世，平定灾祸战乱，可以说是忠了吧？如果跟君主藏着掖着，还不如愚笨的不懂欺瞒的臣子忠诚。官封列侯，猎取生鲜的鱼肉奉养亲人，可以算是孝顺了吧？但常违背父母的意愿，还不如吃糠咽菜的那种孝顺呢。

什么叫忠孝？古人的标准就是诚实、顺从。这其实有它的局限性，任何事情都不能绝对，一旦走向极端就容易出问题。

明代的严嵩，是历史上著名的奸臣之一。严嵩为官专擅媚上，窃权罔利，并大力排除异己，还吞没军饷，废弛边防，招权纳贿，肆行贪污，激化了当时的社会矛盾。但当时在皇上眼里，他却是大忠臣。他在皇帝面前毕恭毕敬，唯命是从，一切为皇帝着想。当时嘉靖皇帝迷恋炼丹制药，为拍皇上马屁，60 多岁的严嵩先生自报奋勇，请求自己以身试验，他把皇帝制成的丹药拿回家服用，以检验药效，并写出详细的实验报告。皇帝自是满心欢喜，可这样的臣子却祸害了国家。

同样，儿子孝顺父母，也不一定事事顺着父母，孝顺的标准也应具体问题具体分析。所以，凡事切忌走极端，还是灵活一点儿好。

【原典】有圣贤之君，无忠直之臣，则聪明不能达远，虽圣贤或可欺。大哉！所谓为君难。

【释评】圣贤的君主，如果没有忠直的臣子，那再有智慧也不能走得更远。即使是圣贤也有可能遭受欺瞒的时候。此事重大！这就是所谓做君主之难。

明朝末年的崇祯皇帝虽是亡国之君，但他曾有遗嘱说：朕凉德藐躬，上干天咎，然皆诸臣误朕。朕死无面目见祖宗，自去冠冕，以发覆面。任贼分裂，无伤百姓一人。意思是：我亡国，固然是因为我德行不足，上天的作对（是指当时自然灾害持续十几年），但也是一些大臣害了我。

为什么崇祯要这么说呢？崇祯可以说登基以来是对当时的局势非常清醒的皇帝，他深刻明白明朝的巨大危机，当大臣指责他求治过急时，他回答：此时不矫枉过正，太平何时可望？他打算面对现实，动员群臣一齐来找出弊端，而且他本人也曾严重批判朝廷上下的歪风邪气。

如果崇祯早生几十年，没准儿会成为一个有作为、不平凡的皇帝留诸史册。可惜，明朝到了 1627 年这样的时候，这一切不管用了，历史对于他提出的要求，远多于此，也远苛于此。国家千疮百孔，危在旦夕，那些士大夫们，又都是些办事不力、不堪用命、敷衍塞责、虚与委蛇之辈，崇祯皇帝只能是干着急没办法，最后落得个自缢身亡，明朝告亡。总之，不足任事的士大夫，偏遇见一位头脑敏锐并且在燃眉之急的煎熬下时常显得尖酸刻薄的君主，二者间错位、尴尬的局面，遂势所难免。

【原典】财用足以富国家，一夫可为。风俗所以系治乱，非有位君子不能变。必欲弭祸乱，致太平，非风俗淳俭不可。

【释评】财力充足使国家富庶，一个人就能做到。风俗好坏直接关系到国家的治与乱，不是掌握权柄的君子是实现不了的。所以，要消弭灾祸动乱，使国家太平，没有淳朴节俭的社会风气是不行的。

古人治理国家非常重视人伦教化，从孩子时代起，就《弟子规》《三字经》地学起来，而后是四书五经、忠孝廉耻。所以，要使社会稳定、国家太平，没有良好的风俗是不行的，这是古人治国的最基本观念。

如今，中国正处在转型的关键时期，不仅要注重经济发展，也要注重人文发展。文化教育上，全部照搬古人的那些观念是行不通了，但历史上的优秀的文化精神还应捡回来，比如礼义廉耻、孝悌忠恕、勤奋节俭等，我们都应该继续发扬，这也是社会不断进步的必然要求。

【原典】爱君切者，不知有富贵。为己重者，不能立功名。

【释评】爱君太切，就不知道富贵为何物。过于利己，就不能去建立功名。

岳飞的大名如雷贯耳。之所以有名，一是他尽忠报国，二是冤死于昏君奸相手中。岳飞少小丧父，由母亲抚养长大，母亲就以忠孝仁义来教育儿子。据说岳飞至孝，母亲病重，他寝不解衣，调药煲汤，全天候地侍奉在病榻前。母亲去世，岳飞和儿子岳云扶着灵柩，赤脚徒步跋涉1000里，将母亲安葬在庐山祖坟。

当时，金人大举进攻，北宋王朝山河破碎，国破家亡，连徽宗钦宗两个皇帝都做了金人的俘虏。为了激励儿子，岳母在儿子背上刺字纹身“尽忠报国”，希望岳飞效忠国家，救黎民于水火。可以说岳飞一生就是以这四个字为座右铭来立身行世的。

岳飞事亲至孝，事君则至忠。他自20岁从军，直到39岁冤死于风波亭，20年间杀敌无数，屡立奇功，金人闻之而丧胆，甚至连软弱的宋高宗都感佩岳飞的忠勇，授予他御笔题写的战旗“精忠岳飞”。

虽然岳飞最后被秦桧以莫须有的罪名害死，但后人奉他为英雄，是因为岳飞忠君忠得纯粹，因为他不要富贵，因为他一心想的是保家卫国，还我河山。

【原典】木有所养，则根本固而枝叶茂，栋梁之材生；水有所养，则泉源壮而流派长，灌溉之利博；人有所养，则志气大而识见明，忠义之士出。可不养哉！故孟子所谓“苟得其养，无物不长”也。

【释评】树有所养护，根干就稳固，枝叶也繁茂，栋梁之材就生长出来了。水有所滋养，泉源就旺盛，支流就长远，灌溉的土地就广博。人有所培养，志气就宏大，见识就高远，忠义之士就产生了。怎么能不重视养护呢？所以正如孟子所说的“如果有所养护，万物就生长了”。

古语说：十年树木，百年树人。可见培养人不是一朝一夕的事情。儒家从它诞生起一直到清末两千多年的时间里，一直致力于对理想人格的培养，营造适合这种君子人格成长的环境，表彰忠孝仁义的君子。因而产生了许许多多可歌可泣、可赞可叹的人物，舍生取义的岳飞、文天祥；赤诚忠勇的颜真卿、于谦；耿介如刀的汲黯、包拯、海瑞；以及独善其身、拒绝同流合污的严光、陶渊明、张岱等。

无法想象，没了这些人中华民族会是什么样子。当然，这其中也产生了卑劣猥琐、自私贪婪、阴暗冷酷的小人坏种。有君子就有小人，有崇高就有卑劣，岳飞和秦桧是一对冤家，文天祥和张弘范也是对立而存在的。这也足以说明，培养人的不易，鱼龙混杂、良莠不齐。所以，启蒙读物《三字经》开篇就讲：人之初，性本善。性相近，习相远。苟不教，性乃迁。道出教化的重要性。

【原典】财不难聚也，取予当，则富足；国不难治也，邪正辨，则丕平。风不难化也，自上及下而风行；俗不难革也，自迩及远而俗变。

【释评】财富不难聚集，只要获取与分配恰当，就富足了。国家不难治理，只要辨明邪与正，就大定了。风气不难改变，自上而下地去践行，风气就端正了。风俗不难革新，自近及远，风俗就改变了。

当好一国之家不容易。古人就深感这一点，儒家讲仁者爱人，只要君主心中有百姓，以忠孝仁义立国，国家就有希望了。道家讲无为，崇尚无为而治，与民休息，具体就是不扰民，这样国家就治理好了。

古人有言：不求尽如人意，但求无愧于心。这应成为当今官员们执政的基本准则，具体就是做到胸怀坦荡，信守承诺，遵守法纪，不贪不占。这样，老百姓才会拥护你。

【原典】以爱妻子之心事亲，则曲尽其孝；以保富贵之策奉君，则无往不忠；以责人之心责己，则寡过；以恕己之心恕人，则全交。

【释评】以爱护妻儿的心侍奉父母，那就能尽到孝道；以保全富贵的办法侍奉君主，那就无处不忠；以要求别人的心要求自己，那就少有过错；以原谅自己的心来原谅别人，那就会交到所有朋友。

如何尽孝、忠君、修身和交友，这是古人一生中都要必须面对和解决的问题，谁解决得好，谁就获得了成功，赢得了尊重。

苏东坡是中国历史上少有的艺术全才，他是诗人、散文家、词人、书法家、画家、音乐家，甚至还是美食家。但他的人生仿佛是搭错了弦，少有顺心如意的时候，倒霉是他人生的主旋律。

母亲程氏是苏轼的启蒙老师。有一次，母亲教苏轼读《后汉书·范滂传》。范滂是东汉著名的忠臣，后来被宦官所害。据说临刑前，其母来探监。范滂就劝她不要难过，其母说：“你能与李膺、杜密等高尚之人一起赴死，这很光荣，我心满意足！”苏轼就问母亲：“假如有一天我也像范滂一样，您会难过吗？”苏母毫不犹豫地回答：“你能成为范滂，我难道就不能成为范滂之母吗？”

受母亲影响，苏轼在朝廷为官的时候，刚直不阿，以至不被黑暗世道所容。后因反对王安石变法，苏轼开始了被贬的命运。晚年的苏轼流放地越来越远，但他有一最了不起的本事，就是始终以一种坦然和旷达的心态对待这些倒霉，随遇而安，适应环境的能力很强。流放到偏僻的惠州，他写诗说："日啖荔枝三百颗，不妨长作岭南人。"他的政敌看了不甘心，就把他再往南贬，贬到了海南！在海南，苏轼写了一首词："莫听穿林打叶声，何妨吟啸且徐行。竹杖芒鞋轻胜马，谁怕？一蓑烟雨任平生。"一句"一蓑烟雨任平生"，足以证明谁也打不倒他！

苏轼之所以坚持下来，还有一重要原因，就是交了好多朋友，他很有人格魅力。苏轼本身又是一有生活情趣、富于幽默感的人。像他这样在家孝父母，工作忠职守，与人相处严以律己、宽以待人的人无论遭遇什么困境都不怕，也可谓成功人生的标志。

【原典】士大夫若止以一官之廪禄计，则不知其为素餐。请以驱役之卒，奉承之吏，供帐居处，详陈悉算，则廪然如履冰，岌然如临渊，有愧于方寸者多矣。若于奉公治民之道不加思，则窃人之财不足为盗矣。

【释评】士大夫如果只关心当官的俸禄，就无法意识到他是白吃饭的。不妨请他做回被人驱使的小卒、奉承办事的小吏，供人使来唤去，那么他就知道小心翼翼如履薄冰、危险恐惧如同踏进深渊的感觉了，心里的愧意就多了。为官如果只因循做事而不琢磨有所作为的话，就与偷人财物没够的盗贼差不多了。

古代官员很多是士大夫出身，他们是贵族，自不知艰辛、贫穷是何物，让这样的人来执政，多是一些理想主义者，结果许多政策出台实际都是害民的，老百姓苦不堪言。最极端的例子，要数西晋皇帝晋惠帝了，生于深宫之内，长于妇人之手，再加上智商低下，所以当有人向他汇报某地发生了饥荒，老百姓甚至出现了人吃人的事时，他很惊讶：他们怎么不吃肉粥啊？我们在讥笑此君的同时，还应深思，许多士大夫官员其实和他是五十步和一百步的关系。

庄子从来都是个激进的批评家，他将诸侯和盗窃犯相提并论，说："窃钩者诛，窃国者为诸侯。"不同的是盗窃犯被处以死刑，而那些窃国大盗——官僚却志得意满，以成功人士自居。这是因为，庄子看到了更深层次的东西——官吏如果不为百姓勤勉做事，奉公守法，相反鱼肉百姓，祸国殃民，他们就成了另外意义上的强盗了，他们甚至比那些见不得阳光的盗贼还可怕。

北宋灭亡，一般都认为是女真人的勇猛可怕，犹如强盗般的贪心无厌，疯狂掠夺占有，于是风物鼎盛的大宋遭了灭顶之灾，就连徽钦二帝也沦为可怜的俘虏。其实这只说对了一半。

如果说，北宋亡于外部强盗的话，那其内部盗贼的祸患才更厉害。蔡京、童贯、高俅等手握重权的大臣，胡作非为，沆瀣一气，聚敛无度，老百姓被推向了死亡的深渊，加之宋徽宗昏聩无能，忠奸莫辨，于是，国家不可避免地走向了末路。这时女真人的及时跟进，加一把外力，大宋朝呜呼哀哉就顺理成章了。

官府和盗贼本来是正邪不两立的，可是如果官吏心术不正，鱼肉百姓，那就变成官匪一家了。所以官员的品行、心术真是太重要了！

【原典】堂下远于千里，况于九重之深，虽尧舜不能知比屋。有人能以所闻所见，上体人君爱民求治之意，委曲详陈之，则都俞之间，可以弭祸乱，不兵而致太平也。

【释评】官府的大堂与百姓远隔千里，何况是天子的九重深宫呢？即使像尧舜那样的贤君也不知道邻家是什么样子。有人能以所见所闻，对上体会君王爱民以求治理天下的意愿，委屈周详地向君王陈述，这样君臣问对之间，就可以消灭祸乱，不用出兵就能达到太平世界了。

儒家讲仁者爱人，推崇以人为本，体恤民情。但君王身居重重深宫之内，官员也高居巍峨厅堂之间，老百姓的喜怒哀乐、所思所想，简直无从知晓。为了解民情，据说早年间，朝廷就将鳏寡孤独等弱势人群组织起来，由朝廷为其提供“低保”，他们的任务就是到民间去采风，将老百姓关于生活和政治的咏叹记下来，再一级级往上报，这就叫采诗。通过这样的办法，君王就知道了政治的得失，然后对统治政策做出调整。《诗经》、乐府民歌就是这样采上来的。

当然，也有皇帝、官员以微服私访考察民情为幌子，去游山玩水的，这样达到的效果恐怕微乎其微了。所以，通过采风以观风俗知得失的，大概就仅限于数量很少的有德之君了。想通过君臣问对之间，就可以消灭祸乱，不用出兵就能达到太平世界的愿望，看来也只是作者的美好愿望而已。

【原典】以忠孝遗子孙者，昌；以智术遗子孙者，亡；以谦接物者，强；以善自卫者，良。

【释评】把忠孝留给子孙，家族昌盛；把耍心眼玩权术留给子孙，家族早晚会灭亡；以谦逊的态度待人接物，终会强大；以善良来保护自己，就会好起来。

古人讲：忠厚传家久，诗书继世长。这反映了传统中国人的一种文化精神，忠诚厚道、孝敬仁义是一个人的立身之本，而相反的投机钻营、虚伪傲慢则被深恶痛绝。古人教育孩子，就是要他们努力成为一个君子，即使身份卑微，是一个最普通的农民，也要活得诚实清白、孝顺懂礼，这样的人才会受到社会的尊重。

这就是为什么古人对“香九龄，能温席”、“融四岁，能让梨”一直津津乐道的原因，认为一个 4 岁、9 岁的孩子能有这样的善念、这样的品格，是值得骄傲的。父母操劳一生，拉扯儿女成人，子女当然要反过来报答养育之恩，尽赡养之德，让父母老有所养。有此善良的出发点，人才能立身行事、忠君爱国、忠于职守、信守承诺，对得起朋友，对得起社会，这才是一个高尚的人，一个有道德的人。

【原典】尔谋不臧，悔之何及；尔见不长，教之何益。

【释评】你的谋划不良善，到时后悔都来不及；你的见识不长远，再教你又有何用处?

人活在天地间，会面对各种诱惑和取舍，这时必然会有谋划、有算计，但有一点是确定的，出发点一定要善良，不能损人利己，不以坑人害人为代价。要发家致富，无可厚非，但要正大光明地去做，诚实仁义，不能利欲熏心，违背做人的道德底线。

不仅如此，还要学会成全人，不单要做锦上添花的事，更要做雪中送炭的事。用儒家的话说叫“己欲立而立人，己欲达而达人”，也即自己希望怎样生活，就想别人也会希望这样去生活；自己希望在社会上能站得住、能通达，就要去帮助别人也这样。赠人玫瑰，手有余香，何乐而不为呢?

【原典】利心专，则背道。私意确，则灭公。

【释评】利己之心太专一，就违背道义。自私之念太强，就会毁弃公众利益。

佛家讲：一个人自私自利，什么样的业障都有；能够把自私自利的心改掉，起心动念利益一切众生，那业障就从根拔掉了。

实践证明，古往今来，一个人如果一味的自私自利，聚敛无度，往往下场悲惨。典型的例子要数唐朝的宰相元载。元载从小熟读庄子、老子，可他一点也没有超凡脱俗，相反最后成了中国历史上巨贪之一，抄他家时，起赃无数，其中以搜出来的八百石胡椒，最为骇人听闻。这种调味品，日常用量极少，一餐饭，数粒即足以吃得口麻舌辣，头汗耳热。唐代的一石，相当于今天公制的79320克。那么，从其家抄没的这一票赃物，差不多就有60多吨，更别提那些金银珠宝的数量了。他所建的屋宅，竟占了长安城里的大宁、安仁两里，其规模之大，难以想像。他倒台后，这两座宅舍，足够分配给数百户有品级的官员居住使用，便知道连结数条街的大宅子，是怎样的巍巍然了。他在东都洛阳建造的一座园林式的私宅，没收充公之后，竟能改作成一座皇家花园，不难想像原来该是何等的堂皇奢华了。

元载做事的出发点就是一切为了自己，礼义廉耻、知恩图报对于他来说实在是天真可笑的。元载作恶多端近十年，终于到了恶贯满盈的一天。最终被皇帝下诏赐死，妻及子并赐死，发其祖、父冢，断棺弃尸。

大家拥到街上，欢呼这个气焰嚣张的巨贪，落得这个下场。坐在押囚的槛车里的元载，这时才真正看到老百姓眼光里的痛恨。元载的覆灭，史书称：“及死，行路无嗟惜者”，也就不必奇怪了。

【原典】能自爱者，未必能成人。自欺者，必罔人。能自俭者，未必能周人。自忍者，必害人。此无他，为善难，为恶易也。

【释评】能爱自己，未必能成全人。自我欺骗的人，一定骗人。能自我节俭的人，未必能接济人。对自己残忍的，一定害人。无疑行善难，做恶容易。

有善心、行善事说起来容易，做起来很难；往往做一件善事容易，做一辈子善事很难。香港慈善家邵逸夫先生，如今已愈百龄。他在大陆没有任何生意，但老先生却长期向大陆捐助巨额资金，如今累计捐款已达32亿，受惠学校及教育项目近5000个，遍布31个省市自治区，“逸夫楼”也遍布全国各地大小校园。2003年他还创立了“邵逸夫奖”，奖掖世界上在数学、生命科学与天文学等方面卓有成就的科学家，每年各颁授100万美元，这些领域都是“诺贝尔奖”所没有的。如此的大手笔，而邵逸夫本人的生活，据说却是异常的简朴，每天不过十几元的花销而已。邵逸夫先生多少年来坚持帮助别人，真的很了不起，让人肃然起敬！

当然，普通百姓没这样的能力，但完全可以有这个境界。如果行善不易，请勿做恶，不与恶为伍。这何尝不是一种善行？

【原典】子之事亲，不能承颜养志，则必不能忠于君；弟之事兄，不能致恭尽礼，则必不能逊于长上。

【释评】儿子侍奉父母，不能让父母精神愉快，心想事成，那么他一定不能忠于君王；弟弟礼遇哥哥，不能做到谦恭守格，那他一定不能谦逊地对待长辈和上级。

“孝养父母，奉事师长”，这两句话是佛家所说的一切善根福德因缘里头最主要的因素，不孝父母、不敬尊长，这两点要是没有，那其他的都是假的。菩萨修德、积德，迷惑的人败德、丧德，从不孝父母、不敬师长，他的德都流失得干干净净没有了，过去现在所修的全保不住，所以世出世法里头他都不会有成就。

在平时工作生活中也是如此，如果一个人对父母都不好，和他血浓于水的兄弟姐妹都不能友善相处，其对感情的态度可见一斑，这种朋友随时会出卖你，不交也罢。

【原典】家不和，无以见孝子；国不乱，无以见忠臣。如是，则孝子忠臣不容见于世也。仆窃疑之，有人能克谐六亲，钦顺父母，家不使不和，莫大之孝也。有人能引君当道，将顺正救国，不使之乱，莫大之忠也。

【释评】只有在家族失和之时，才能见出孝子，在国家动荡之时，才能找到忠臣。这样，忠臣孝子往往不被世人所容。我对此颇怀疑，有人能使六亲和谐，顺承父母喜悦，使得家族和美，这是最大的孝啊。有人能指引国君走上正路，安抚拯救国家，免除社会动乱，这就是最大的忠啊。

古人讲：疾风知劲草，板荡识诚臣。说的是危难之时忠臣的可贵。太平年间，国家无事，歌舞升平，臣子们悠哉地享受着国家的俸禄，品行如何一般看不出来。待到了山河破碎、国破家亡的时候，大臣的众相百态就一览无遗了，这时，忠奸不判自明。

南宋末年，蒙古铁骑势如破竹，值此危难之际，涌现出一批可歌可泣的忠烈臣子，如文天祥、张秀杰、陆秀夫等。陆秀夫是其中最壮烈的一位。面对危局，大批官员纷纷选择了弃官出逃，据说皇帝召见大臣宣布新丞相任命时，到场的官员才有 6 个人。最后，太皇太后也带着 5 岁的宋恭帝投降了元人。国家就算到头了。

这时候，陆秀夫站了出来，在福州，他与张世杰等又立一个小皇帝，是为端宗，重建宋廷。据说秀夫每参与朝会，常用朝衣拭泪，以致衣服都打湿了，可见其悲壮之情。三年后，小端宗病死，这时一些人又要逃走，陆秀夫鼓劲说：“想当年少康凭借五百人马、十里地盘，还使夏朝中兴，难道我们不能靠数十万兵民、万顷碧海复兴大宋的基业吗?”于是拥立7岁的广王赵昺为帝，继续和元人战斗。最后，宋军大败，国家真的没了希望，陆秀夫就对小皇帝说：“德祐（宋恭帝）投降元人遭受了无比的欺辱，陛下您就不要受侮辱了吧。”于是背着赵昺投海殉国。

陆秀夫虽然没有只手擎天、挽狂澜于既倒的能力，但是这种拼死一搏的决心和勇气，那种宁为玉碎不为瓦全的精神值得敬仰。

【原典】尝谓风俗不淳俭，则财用无丰足。盖贵富者，奢侈相尚。奉养之外，弃废宝货，穷极土木，惟务相胜。贫贱者专于工巧伎艺，古所未见。一日之直可以获农夫终岁之利，故弃本逐末，耕桑者少而衣食者多，求其盈余储积，不亦难哉！

【释评】风俗不淳厚俭仆，那财富用度就不宽裕。这是由于富贵人家争相奢侈淫靡，除日常生活所需以外，浪费宝物，大兴土木，互相攀比，贫贱的人受此影响，也工于技艺，为富者所用，这都是古代所没有的。一天的消费相当于一个农民一年的收入，所以天下人都放弃根本追逐末流，种田的人少，而吃饭穿衣的人却很多，这样去求得国家财富储备盈余，不太难了吗?

据说，汉朝立国的时候，国家经济非常贫弱，连皇帝乘坐的马车，一时间都凑不齐四匹一样颜色的马，那些王侯大臣只能坐牛车。大伙都一样穷，也就没什么说的。可是，后来经济好了，互相攀比的风尚就兴起来了。汉武帝时，如果谁骑一匹骒马上街，就会被人笑死。

老子曾提出过一种观点，就是大家再回到贫穷里去，放弃物质享受，放弃文明。他说“祸莫大于不知足，咎莫大于欲得”，人的贪欲就是最大的灾祸，所以“五色令人目盲，五音令人耳聋，五味令人口爽。驰骋畋猎，令人心发狂；难得之货，令人行妨”。什么绘画、音乐、烹饪，都是令人丧失自然享受的东西，像打猎那种放纵的游玩，必定让人心神不宁，像金银珠宝那样奢侈的物品，必定让人行为不端。把这一切统统废弃，人的生活就平静安宁、没有苦恼了。

显然，今天看老子的观点有些极端了，但这确实是值得深思的大问题。也就是在发展经济的同时，我们还更要注重文化的建设，移风易俗，引导人们建立健康的消费观念，营造积极向上的社会风尚。

【原典】甲胄之士可以责以御侮，州县之吏不过委以簿书，事君而变薄俗，非大有力者不可。

【释评】要求士兵抵御外敌，要求州县小吏做好文案工作，侍奉君王而改变陋俗，没有大能力的人是做不到的。

社会就是这样，有的做农民，有的是商贾，有的为白领，不管是劳力者，还是劳心者，都各尽本分，各自完成自我的担当。而合理的社会也正是如此，人尽其才，各得其所，自我实现，从而和谐融洽。

所以，大事就要有大能力者去做。当年孔子，出身虽低微，但夫子即使做替人哭丧的贱役，也从未放弃对周礼的追求，对建设仁政社会的努力。他任鲁国的大司寇七日，就将蛊惑人心、扰乱政治的少正卯杀掉；为反对三恒等不臣势力，孔子拆除了三恒的城堡，向乱臣贼子发起挑战。在56岁的高龄时，孔子带领学生们开始了周游列国之旅，宣传自己的仁爱思想，即使绝粮于陈也无怨无悔。到了晚年，孔子回到鲁国，不顾年老体衰，认真整理《诗》《书》等文化典籍，夙兴夜寐，孜孜不倦。

正是这种强烈的使命感和对真理、道义的追求，使孔子成为了两千年来中国文化的至圣先师，正像有学者所指出的“自孔子以前数千年之文化，赖孔子而传，自孔子以后数千年之文化，赖孔子而开”。孔子的思想成了中国传统文化的主体核心，他以布衣的身份完成了移风易俗、建设新文化的伟大使命。“天不生仲尼，万古如长夜”！

【原典】妇人悍者，必淫；丑者，必妬。如士大夫缪者忌、险者疑，必然之理也。

【释评】女人凶悍的一定淫乱，丑陋的一定嫉妒。就像士大夫狂谬的忌讳就多、为人阴险的疑心就重，这是自然的道理。

婦人悍者必淫醜者必妬如士大夫繆者忌險者疑必然之理也

費萬金為一瞬之樂孰若散而活餒者幾千百人處耶軀以廣厦何如庇寒士以一席之地乎

知足者貧賤亦樂不知足者富貴亦憂

夙興夜寐無非忠孝者人不知天必知之飽食暖衣恬然自衛者身雖安其如子孫何

人之所以異於禽獸草木者以其有為耳皮毛齒角禽

一般说来，古人天然地对女性持一种贬斥的心理，大概始作俑者就是孔子“唯女子与小人难养”的理论。在这样的文化背景下，女人就很难做人了，漂亮的，被说成妖冶；强悍一点的，就被说成淫乱；长得丑一些，又被认为一定嫉妒。所以，古代文学作品里的女人常处于被否定的地位，不论是唐传奇里的妓女，还是章回小说中的大家闺秀，或是诗词里思春念远的小家碧玉，或命运悲惨，或下场可怜。

另外，士大夫人群中有一类小人，为人狂谬阴险，他们猜忌同僚、嫉妒贤者，其丑陋德行就像悍妇丑女一样——这是李邦献的比喻，其实是没什么道理的偏见。不过，这类小人往往在历史上扮演跳梁小丑的角色，成为拉历史倒车的消极力量。如秦时的赵高、李斯，汉时的中行说，唐时的李林甫、杨国忠、李辅国、元载，宋时的舒亶、李定、秦桧、贾似道，明代的刘瑾、严嵩父子以及清代的和珅等，历朝历代充斥着这类人群。虽然他们各具面目，但阴险狡诈、残忍狠毒、贪婪丑恶以及欺名盗世、祸国殃民，却是惊人的相似。当然结局也都是悲剧。

【原典】费万金为一瞬之乐，孰若散而活馁者几千百人。处眇躯以广厦，何如庇寒士以一席之地乎？

【释评】花费很多的金钱只为短暂的快乐，不如把它捐献出去，让许许多多饥饿的人活下来呢？让一己之躯住在大大的屋子里，为什么不能给寒士一席之地呢？

杜甫在《茅屋为秋风所破歌》里有：“安得广厦千万间，大庇天下寒士俱欢颜。”这种悲悯苍生的情怀，与我们想要表达的道理有异曲同工之妙。在生活中，帮助别人不算难事，但要做到不求回报、真正去替别人着想，怀揣一颗善心，才是最难的事。

上海发生过一个有意思的故事，一名出租车司机送一位客人去饭店，可是开出一段路之后，客人因为忘记带钱要求司机返回，看见客人的窘态，司机不仅安慰了他，把他送到目的地之后还给了他 30 块返程的车费（其实，原路返回只需要 17 元）。后来司机就忘记了这件事，因为这不是他第一次那样做了。没想到几天之后，客人打电话给他，邀请他做自己的司机。这个客人叫龚天益，时任纽约银行上海分行行长，那个司机叫孙宝清，只是个普通的打工者。

这么看来，做善事是可以改变一个人命运的，这不是因为他们抓住了机会，而是因为从始至终他们都没想要求得回报。做人贵在心地善良，帮助他人的同时，自己也会获得更多的快乐。

【原典】知足者贫贱亦乐，不知足者富贵亦忧。

【释评】知足的人即使贫寒卑贱也快乐，不知足的人即使富贵了也不高兴。

明朝时有个叫胡九韶的人，家里很穷，他每天教书和劳作，仅仅够温饱。但他每天黄昏都要到门口焚香膜拜，感谢上天又赐给他一天的幸福。妻子笑话他："我们一天三顿都是菜粥，哪有什么福！"胡九韶说："我们生在没有战乱的太平盛世，全家人都能有饭吃，有衣穿，家里还没病人，这不是福气是什么啊?"

只有学会感恩和知足，烦恼才会变少。古时候有个残疾的乞丐，总拿一个破口袋期望得到一点吃的。经常说："世人有钱的，都没一个知足的，谁像我，只要有吃的就满足了。"这晚，"命运"来对他说："我知道你穷苦，我是特意来让你富有的。快打开你的口袋，我给你一些宝石。你不要贪多啊，还要当心口袋太旧禁不起太多宝石啊，因为宝石掉到地上会变成尘土。"乞丐马上说："知道了，你快倒吧。"果然"命运"把五光十色的宝石倒满了他的口袋，问他："够了吧?"乞丐说："再倒点，再倒点。"于是"命运"一直倒一直倒，忽然哗啦一声，口袋破了，宝石都掉在地上化成了尘土，"命运"也不见了。

心口不一的乞丐显然是遭到了"命运"的戏弄。看来，一味去追求富贵的人，也许暂时能获得的更多，得到的却不一定是快乐。

【原典】夙兴夜寐，无非忠孝者，人不知天必知之。饱食暖衣，恬然自卫者，身虽安，其如子孙何?

【释评】早起晚睡，如果干的不是忠孝的事，虽别人不知但老天必知。吃饱穿暖，泰然自得，你身虽安，你子孙会怎么样呢?

春申君是中国战国时期四公子之一，战国楚相，即黄歇。他明智忠信，宽厚爱人，以礼贤下士、招致宾客、辅佐治国而闻于世。这样的贤臣最后却被自己的大舅子李园害死。

李园是个野心家，他设圈套把自己的妹妹先许给春申君，等她有了身孕，再转送给楚王，生的儿子受到楚王宠爱，立为太子（即后来的楚幽王，其实是春申君的儿子)。李园利用了春申君这个中间渠道，达到自己成为国舅、掌权的目的。但是他怕春申君言语泄密，就暗中培养亡命之徒杀人灭口。楚王死后，李园派人埋伏在宫门附近，等春申君入宫奔丧之时，刺死了他。

但李园的结局也不妙，后来他的外甥楚幽王死了。公子负刍听说幽王不是楚王的亲生儿子，悍然发动政变做了楚王，他处死了王太后李小妹，并将李园全家满门抄斩。

李园早起晚睡，苦心积虑，小心经营，总以为你知我知，外人不知，天衣无缝，殊不知老天瞅着呢，到头来死无葬身之地。

【原典】人之所以异于禽兽草木者，以其有为耳！皮毛齿角，禽兽以用而名；香味补泻，草木以功而著。人之生也，无德以表俗，无功以及物，曾禽兽草木之不若也，哀哉！

【释评】人之所以和禽兽草木不同，皆因人能有所作为。皮毛齿角，禽兽以这些特征而得名；香味补泻，草木因为这些功用而立世。人生在世，没有德行来昭明于世俗，无功于周围的万物，就会连禽兽草木都不如，真是悲哀啊！

人活一回不容易，既要对得起自己，还要对得起他人，上不愧于天，下不愧于地，心安理得，堂堂正正，这是颇具挑战性的高度。王安石算得上一位敢于挑战高度的人。

王安石出身仕宦家庭，父亲做过很多年县令，王安石从小受父亲影响，是一个有理想、有知识、有能力、积极上进的青年。他面对北宋王朝积贫积弱的现实，决心干出一番事业。经过多年地方工作的磨砺之后，他越发干练成熟，这时宋神宗上台了，他也渴望做出改变，这样王安石的机会来了。

1074 年，39 岁的王安石走上了历史的台前，出任同中书门下平章事（相当于宰相），在全国范围内实行改革，颁布新法，比如财政上有均输法、青苗法，军事方面有置将法、保甲法等。朝廷由此垄断了商品贸易，官僚、地主的利益受到了侵犯，因而遭到了保守派的激烈反对。

改革最终虽以失败告终，但王安石为国谋发展、为民谋福祉的勇气还是值得钦佩的，所以，就连和他有过矛盾的苏轼，对下台的王安石也十分友善，这就是他了不起的地方，没有私心，不谋私利，因而他没有私敌！

【原典】器满则溢，人满则丧。

【释评】容器装得太满就会溢出来，人太自满就会有灾祸。

凡事不能做得太过，就像杯子里的水，倒得太满，一定会冒出来；弓弦拉得太满，就会失掉弹性而废弃，都是一样的道理。做人更是如此啦，什么都做得太过头，不会有好事的。

有一天，一只鲷鱼和一只蝾螺在大海里相遇了。蝾螺有着坚硬无比的外壳，鲷鱼非常羡慕，在一旁赞叹地说：“蝾螺啊，你真了不起。能有那么坚强的外壳，一定没有人能伤得到你吧？”蝾螺也觉得鲷鱼所言极是，扬扬得意地说：“那是当然，我是什么都不用害怕的啊！”就在这个时候，突然来了不知名的敌人，鲷鱼连忙说：“你有坚硬的外壳，可是我没有啊，我只能靠警惕一点儿了，危险到来，我就想招儿怎么逃走。”说完就“咻”的一声游走了。此刻蝾螺心里想，我有这么一身坚固的防卫系统，我怕什么！于是就静静地在壳里等待着，等了好久，也睡了好久，心里又想，这下危险肯定过去了吧？我得出去透透气。没想到，它刚冒出头来一看，立刻就扯破了喉咙大喊：“救命啊！救命啊！”

在我们身边，甚至是我们自己，都可能存在着和蝾螺一样的心理，认为自己很优秀。却不知道就在沾沾自喜的时候，潜藏的危险正向自己逼近呢。

【原典】用心专者，雷霆不闻其响，寒暑不知其劳。为己重者，不知富贵可以杀身，功名可以及后。行四通八达之衢者，不迷；思大公至正之道者，不惑。

【释评】专心做事的人，连震雷之声都听不到，一年四季也不觉得疲劳。以自己为重的人，不知道富贵能够杀身，功名能够关联后代。走四通八达的大路，不会迷路；想着至公至正之道的人，就不会感到迷惑。

但“专”与“公”是两个要用心去体会的深奥问题。这个问题有的人穷尽一生都找不到答案。可有的人，仅仅一点小事，就通透于心了。

波兰有个叫玛妮雅的小女孩，学习起来非常专心，无论周围怎么嘈杂都分散不了她的注意力。有一天，她的姐姐和同学在她面前唱歌、跳舞、做游戏，玛妮雅就像没看见一样，还是在一边专心看书。姐姐和同学想试探她一下，就悄悄地在她身后搭起了几张凳子，只要玛妮雅一动，凳子就会倒下来，可是时间一分一秒地过去了，玛妮雅读完了一本书，凳子仍然竖在那儿。从此姐姐和同学都不再逗她了，而且也像她一样专心读书，认真学习。玛妮雅长大以后，成为了一个伟大的科学家，她就是居里夫人。

专注做事不仅是一种态度，更是一种坚持，甚至可以影响周围的环境，而它带来的常常是成功。因为，心无杂念，不是每个人都能做到的。做到的人，无一不成为受人尊敬的人。

【原典】蛮夷不可以力胜，而可以信服；鬼神不可以情通，而可以诚达。况涉世与人为徒，诚信其可舍诸?

【释评】对未开化的蛮夷部落不能以武力去征服，但可以用诚信使之服从；鬼神不可以靠感情去疏通，但可以用诚意使之顺遂。而行走社会与人为伍，诚信怎么可以舍弃呢?

人行走世间，总要和各种人打交道，要想立足，首先要坚守诚信二字。孔子就说：“人而无信，不知其可也。”一个人言而无信，时间长了，就没人信他，如他做什么事都被人怀疑，这人也就无法立足，还谈什么成功?

大凡成功的人，一定要得到别人的帮助和成全，至少要有几个志同道合的朋友。而能够把人吸引到自己身边来，讲义气、重诚信无疑是最重要的。所以《菜根谭》说：交友须带三分侠气，做人要存一点素心。素心就是朴素之心、诚恳之心，别耍花活，别玩心眼。老老实实地与人交往，才能赢得朋友的尊重和信任。

商鞅为了变法，重塑秦政府诚信形象，他的办法是立一根三丈之木，宣布谁将它扛到北城门去，谁就获奖 10 金，没人信。他又提高标准：奖 50 金。其中有一人将信将疑，将长杆扛到北门，商鞅马上兑现 50 金。老百姓这才信了他，他所推行的新法才得以贯彻执行。

【原典】岁月已往者，不可复。未来者，不可期。见在者，不可失。为善，则善应。为恶，则恶报。成名灭身，惟自取之。

【释评】已经过去的时间，不能重复。未来，不能预期。现在，不能失去。做善事，就会有好的回应。做坏事，就会得到恶报。成名还是毁灭，全在你自己选择。

就像流逝的光阴，想要重新来过，那是天方夜谈；想看一看未来什么样子，也是白日做梦。所以只能把握现在了。可就是一个把握，善恶一念间的事，想做到，也很难。

神话故事里讲，天神宙斯带着赫耳墨斯化成流浪汉的模样，去人间考查善恶。一天晚上他们来到一个村子，宙斯让赫耳墨斯去叫门，敲开了一户人家的大门，这是一户富人，可这家人见是流浪汉，不仅拒绝让他们进屋还放恶狗来咬他们。两个神灵见村里人如此凶恶，还是希望能教化他们。于是接连敲开许多人家的门，希望能讨点食物。可门一开，人家一看他们破烂的样子，没等他们张口，就都关上了门。最后，他们来到一间最简陋的小茅屋前。

这是村里最后一所他们没有敲门的房子，里面住着杰克和莱蒙老俩口。他们虽一贫如洗，却乐天知足，不但不抱怨，还对神灵充满感激。

当宙斯和赫耳墨斯来到他们家的时候，老俩口笑逐言开，把他们当做稀客，热情地请进门，立刻拿出贮藏很久的咸肉为他们准备晚餐。二神见他们如此穷苦还保持着善良的天性，招待一无所有的流浪者，深受感动，就说明了自己的真实身份。

宙斯说："你们将脱离不幸，但你们的邻人却将因邪恶受到惩罚。"于是带着他们到了山顶，老俩口回头一看，整个村庄都淹没在了大水之中。只有他们因为心地善良，而被神从灾难中挽救出来，据说他们死后也脱离了苦难，并肩站在了宙斯所住的神殿前。

这只是个神话而已，这个世界本就没有神灵的存在。人的命运如何，做善事还是使坏心，就看自己的选择了。

【原典】以德遗后者，昌；以祸遗后者，亡。谦柔卑退者，德之余；强忍奸诈者，祸之始。

【释评】将德操留给后人的，家族昌盛。把灾祸留给子孙的，家族灭亡。谦虚柔顺恭敬退让的，是德操有余。强暴残忍奸邪欺诈的，是灾祸的开始。

用德操征服世人的，必然流芳千古；以恶名而遭世人唾弃的，必然遗臭万年。道理就是这么简单。

曾经，有一位哲学家带着他的学生去漫游世界。10 年间他们游历了所有国家，寻访了所有有学问的人，回来后，他们各个都满腹经纶。进城前哲学家给他们上了最后一课：他问学生，如何能除掉地上的杂草。学生们都很诧异，没想到一直探讨人生奥妙的哲学家最后一课会问这么简单的问题。

学生们开口了，有的说用铲子，有的说用火烧，有的说用石灰……听学生们讲完之后，哲学家说："课就上到这里，你们回去后，用各自的方法去除杂草，没除掉的一年之后再来相聚。"一年之后他们都来了，不过原来相聚的地方已不再杂草丛生了，而是变成了一片长满谷子的庄稼地。学生们围坐在谷地，可哲学家却始终没来。几年后哲学家去世了，学生们整理他的言论时，增补了最后一篇：要想除掉旷野中的杂草，方法只有一个，那就是在上面种满庄稼。同样，要想让灵魂不受污染，唯一的办法就是用美德去占据它。这样，德行才能永远惠及后人。

关于哲学家对德操的理解，他的学生们显然已经得到了益处。可见，用德行去影响后世的，留给人们的是财富和经验。汉文帝刘恒，以仁孝之名闻于天下，侍奉母亲薄太后，从不敢有丝毫懈怠。母亲卧病三年，他常常目不交睫，衣不解带，母亲所服的汤药，他一定亲口尝过才放心让母亲服用。他在位24年，重德治、兴礼仪，注意发展农业，使西汉社会稳定，人丁兴旺，经济得到了恢复和发展。“文景之治”就是对后世最好的影响，汉文帝的这种德操，正是他流芳百世的原因所在。

【原典】舜之所以为孝者，有顽父嚚母傲弟，人不幸而有此。当克谐如舜，不为甚难。孟子曰：“舜何人也？予何人也，有为者亦若是。”

【释评】舜之所以成为孝顺的人，有顽固的父亲、奸诈的母亲、傲慢的弟弟，人生不幸到了这个地步，但舜尽心尽孝，与他们和睦相处，不觉得有什么为难。孟子说：“舜是什么人？我是什么人，有作为的人就应该像舜那样啊！”

舜是上古时期著名的部落首领，德行很好，在当时小有名气，但他亲生母亲死的早，父亲再娶的妻子对他很不好，又生了个傲慢无礼的儿子。传说舜在历山耕田时，常常到田中对着苍天大哭大叫，发泄一下心中的悲愤，可回家见到父母则毕恭毕敬，见到弟弟和和气气，后来他的父亲都被感化了，舜也因此获得了人们的认可，成为一代贤君。

老天是最公平的，每个困境都有其存在的正面价值。如果你看得透，不抱怨，或许能像舜那样，人生有着另一番际遇呢。

有一天，上帝闲来无事，召集了所有的动物共进晚餐。酒足饭饱后，上帝取出了一双翅膀。“我有一样东西想要给各位，如果你们谁喜欢这件东西，谁就可以把它捡起来放在背上。”动物们一听有礼物可以领，便争先恐后地挤到上帝面前。等他们看清了躺在地上的翅膀时，心里都犯嘀咕了：把这么笨重的东西放在背上，不累死才怪，我可不傻！

看完后都纷纷回到座位上。最后，有一只小鸟走过去，看了看地上的翅膀，心里打起了小算盘：上帝不会亏待我们的，这个看起来蛮笨重的东西，说不定是一种恩赐呢。于是，小鸟把翅膀背在背上，轻轻地试着挥动翅膀，没感到沉重，反而还轻盈地飞上了天。其他的动物眼看着小鸟远去的背影，肠子都悔青了。

大家看起来会增加负担的东西，反而使小鸟飞了起来。许多时候，表面上看来你陷入困境，遭受挫折、打击，换个角度想，这或许是激励人更上一层楼的动力呢。

【原典】韩非作《说难》，而卒毙于说，岂非所谓“多言数穷”之戒耶？

【释评】韩非子写了《说难》，却因此而死，这难道不是所谓“说得太多导致劫数穷尽”的警戒吗？

韩非子苦心孤诣地写了《说难》、《孤愤》等文章，成为名震一时、传之后世的名篇。他发现了人性趋利避害的特点，认为人与人之间没有感情，只有利益，对待君王亦然，所以劝谏帝王的时候要抓住其人性弱点，注意其爱憎好恶，断不可捅了君王的要害处，只有因势利导，方能达到游说的目的。

因韩非子的才华横溢，秦王嬴政极为赞赏他，不断委以重任。然而韩非子，却忘记了临近的危险，身为同学兼同事的李斯妒忌韩非的才能，与姚贾一道进谗加以陷害，韩非被迫服毒自杀。这个结局也告诫世人，做人不可锋芒毕露，要懂得留有余地。

【原典】屈己者，能处众；好胜者，必遇敌。

【释评】委屈自己的人，能与大家和谐相处。遇事总是争强好胜的人，必然容易树敌。

这里说的是一个为人处事的简单道理，做人有时候自己吃点儿亏没什么大不了的。《西游记》里呆头呆脑的沙和尚，整天挑着四个人的行李，累死累活毫无怨言，可他却深得人们的喜爱。相反，一个人太看重名利，甚至自私到精明的程度，机关算尽，则误己误人。王熙风聪明一世，只可惜争强好胜，树敌太多，终有树倒猢狲散的时候。

郑板桥的“难得糊涂”教育我们为人要大气，有度量，虚怀若谷。遇事不要太认真，处世接物讲风格，在如今这个充满竞争的时代，似乎更有意义。心态好，心情好，生活才能好。

【原典】欲常服者，不争；欲常乐者，自足。

【释评】要想被人信服，就不要什么都争。想要天天快乐，就要学会知足。

人有七情六欲，有欲望才会烦恼，无欲无求的人才会快乐。古人的“布衣桑饭，可乐终身”是一种知足常乐的典范。春秋隐士荣启期是个很随性的人。有一次孔子游泰山，在树下偶遇荣启期。荣启期身上披着鹿皮，腰间胡乱捆着绳索，邋里邋遢，正陶醉在演奏之中。孔子很是困惑，就问他：“先生，我搞不懂你为什么这么快乐呢?”荣启期回答说：“天生万物以人为本，人最高贵。我作为一介普通小老百姓，能不快乐吗！男人和女人相比，男人又比女人尊贵，我很荣幸是一个男人，能不高兴吗！你看那么多人年老体衰，我今年 90 多岁了，身体这么好，弹琴唱歌不又是一乐吗！安于贫寒的生活是我们这类人的常态，而死亡是人生的终点。我每天快乐地过我的日子，等待人生终点的到来，还有什么可忧愁的呢！”这正如佛法里所说：知足才是最大的财富。

【原典】有限之器，投之满盈，则溢。太虚之空，物物自容。静躁宽猛，视量之如何耳。

【释评】有限的容器，水装得太满，就容易流出来。世界之空旷，万物之广博，冷静和浮躁，宽容和严厉，一切都要看人的度量如何了。

月盈则亏，水满则溢，这个千百年流传下来的道理一次次告诉我们，做人做事都要学会把握一个度，要前后多思量，千万不要做得太过头。要不然，到了乐极生悲、盛极而衰的时候，后悔都晚了，更别说去补救了。

清朝大将军年羹尧有胆有识，熟谙兵法，又被雍正赋予大权，多次平定叛乱，为雍正皇帝立下了汗马功劳，尤其是平定青海叛乱中，他率军顶风冒雪，勇猛非常，轻易就让叛军土甭瓦解。也正因此，他受封为一等功，得到了雍正最大的信任。这个时候，志得意满的他，人生到达了最鼎盛的时期。可惜这么大好光景，他开始得意扬扬了。进京时要王公以下官员跪接，大臣们下马问候，他连点头都不屑，更过分的是在雍正面前态度都很骄横，没一点礼貌。这么自恃功高、飞扬跋扈，皇帝也就不计较了，没想到他还贪污受贿、结党营私，终于犯了雍正的大忌，末日就来了。

这么一个显赫的大将军，没两年工夫就死了，还是在他最春风得意的时候死的，这教训还不够深刻吗？年羹尧错就错在没明白水满则溢的道理，即使他做不到激流勇退，能做到别过度，可能还逃得过一死。

人内心的欲望是无法平息的，我们只能用理性去控制，所以，在追求目标和理想的过程中，我们想要在丰盛的时刻把握好这个度，是非常难的事。但这其中的道理我们必须理解，这样才能时刻提醒自己，适当的收敛光芒。

【原典】张饱帆于大江，骤骏马于平陆，天下之至快，反思则忧。处不争之地，乘独后之马，人或我嗤，乐莫大焉。

【释评】在大江之中展开满帆，在平原之上纵马驰骋，是天下最舒畅的事，反过来想想有人就忧愁了。其实处于没有争夺的境地，骑跑得慢的马，尽管可能有人讥笑我，对我来说却是没有什么比这更快乐的了。

有一天，庄子去看望自己的朋友惠子，这个惠子正在梁国当宰相，很有权势还很受人尊敬。庄子的到来，让惠子也很高兴，就在这个时候，有人来到惠子身边告诉他："庄子来梁国的目的可不简单啊，说来看你，实际是想来这里当宰相，来取代你的位置。"惠子听了将信将疑，又害怕果真如此，于是为了以防万一，就在国都搜捕了三天三夜，还是没抓到庄子。正担心的时候，庄子主动来见他了，对他说："在南方有一种鸟，它的名字叫鹓雏，你知道它吗？鹓雏从南海起飞，要飞到北海去，途中不是梧桐树坚决不栖息，不是竹子的果实坚决不吃，不是甘甜的泉水坚决不喝。正在飞的时候，有一只猫头鹰捡到一只死老鼠，看见鹓雏从面前飞过，很怕它来跟自己抢夺食物，就马上仰头看着鹓雏，大声发出怒斥声，想吓走鹓雏，却不知鹓雏根本不屑于跟它争夺。现在，难道你还想用你梁国的宰相之位来威吓我吗？"

庄子的话简单直白，告诉了我们关于不争的道理。人的追求各有不同，有的追求名和利，也有的追求无拘无束的超脱，而没有淡泊心志的人是体会不到那些千金散尽回归平淡之人的快乐的。吴越之战胜利之后，范蠡就做到了功成身退，还劝说文仲及时离开，而文仲却还贪恋官位，争着名利，最后招来杀身之祸。而范蠡的不争，恰恰使他得以全身而退。

【原典】胜于己者，可师；拙于己者，可役；爱于己者，知善而不知恶；憎于己者，见恶而不见善。

【释评】比你还有才的人，能当你的老师。比你还笨的人，能听你的使唤。爱你的人，能知道你的长处而忽略你的不足。讨厌你的人，看见的全是你的缺陷，见不得你一丁点儿好。

"三人行，必有我师焉"早已成为虚心学习的至理名言，它告诉我们，要怀有谦卑之心去学习他人的长处。这印证了比你更有才能的人，可以做你老师的道理。华佗他并不是生来就成了神医的，出身望族的他，通晓各类典籍，更是独自研习过许多先前的医术孤本，是个典型的有才之人。

有一年，疾病流行，华佗亲眼看见许多人被病魔折磨得苦不堪言，为了解除这些人的痛苦，他才立志学医。于是风餐露宿、遍访名师，终于在历尽艰辛之后，来到西山，拜一位精通医术的世外高人为师，这位高人医术之神让华佗更加虚心求教。高人说："这里病人很多，你专门来侍候他们吧。"华佗便一边耐心的照顾病人，一边留心观察每个病人病情的变化和用药方法，三年过去了，他懂得了不少疾病的病理和治疗。高人见他态度谦逊，刻苦认真，终于决定倾囊相授，于是带他来到内室，里面到处是医书和药典，华佗高兴极了，不分昼夜、如饥似渴地研读起来。

又是三年过去了，一天他正在读书，突然有人告诉他："师傅病了，你快看看去!"待他到高人床前见其双眼紧闭，手脚僵硬，便摸摸高人的额头，按按脉搏，之后笑着说："师傅无大病，很快会好。"大家都责怪他不懂医道，这时，高人忽然坐起来笑着说："我是故意装病，试试你的本领。"众人这才佩服起华佗来。华佗虚心向比自己有才的人学习医术，这种谦虚的态度对后人影响很深。

【原典】强辨者饰非，不知过之可改；谦恭者无诤，知善之可迁。善恶在自为，父子不相授，尧为父而有丹朱，舜为子而有瞽瞍。尧与贤易，舜克谐以孝难。

【释评】强词夺理的人，常掩饰自己的错误，而不知错误是可以改正的。谦恭的人与世无争，因为他知道善性是可以改变的。善恶是自己做的，父亲不能传授给儿子，尧做父亲但有不善的儿子丹朱，舜做儿子却有不善的父亲瞽瞍。尧做贤人容易，但舜要使一家和谐以尽孝道多难啊。

善恶自取，不靠遗传，父亲不能传给儿子，儿子不能影响父亲。尧是有名的贤君，可是他的儿子丹朱虽然绝顶聪明，还发明了围棋，但其个性刚烈，做事固执，缺乏政治家的智慧，被尧称为"不肖乃翁"。后舜接替尧成为天下之主，丹朱不服，发兵与舜大战，战败后只好逃走。

舜是贤人，但父亲瞽瞍却很差劲，他娶了后老婆，生了个儿子叫象。有了小儿子，他便极其看不上舜，就想方设法弄死这个儿子，一次他让舜去修仓房屋顶，等舜上了房，他就将梯子撤走，然后纵火焚烧仓房。多亏舜急中生智，用两只斗笠作降落伞，从房上跳下，幸免一死。其父一计不成，再生一计，他又让舜去挖井，当井挖到很深的时候，他和象开始在上面猛烈填土，要把井堵上，将舜活埋。生活在这样家庭里的舜，常常要留一手，他事先在井旁边挖了一通道，这样就能从通道里跑了出来，又捡了一条命。即使面对这样的父亲和兄弟，舜也孝顺恭敬，最后终于感动了他们，这种修为真不是一般人能做到的。

【原典】与善人交，有终身了无所得者。与不善人交，动静语默之间，亦从而似之。何耶？人性如水，为不善如就下。交友之间，安可不择？

【释评】跟品质好的人交朋友，或许一辈子都得不到什么。而跟品质差的人做朋友，很容易成为他那样的人。这是为什么呢？因为人的本性就像水一样，行为一旦不善，就会向更坏的方向走。交朋友的过程中，怎么可以不好好选择呢？

汉朝末年，有一对好朋友，一个叫管宁，一个叫华歆。管宁很正直，性格有点执拗。华歆，就灵活多了，就是读书上不用心，与学习无关的却是样样精通。一天，两个人学习之余来锄地种菜，居然锄到了一块闪闪发光的金子。这时候问题出现了，管宁像是什么都没看见，把它当做瓦块石头一样，毫不理睬。而华歆拿起了金子喜笑颜开，可是偷偷一瞥管宁那严肃的表情，实在是不好意思据为己有，只好恋恋不舍地放下了金子。这事情过去了没多久，又出状况了。一日，两人正坐在同一张席子上读书，碰巧外面有人坐着高大华丽的车子经过他们的门前，管宁依旧潜心读书，不为所扰，而华歆又坐不住了，跑出去观望了一番，很是享受。不曾想回来时，管宁把他们同坐的席子割开，跟他分席而坐，并且告诉他：“你不是我的朋友。”

因为管宁知道，选择与自己志同道合的朋友，这样即使不能提高多深的修养，却远远要比那些品性不端的朋友给误导了强。所以两个本来要好的伙伴，只能分道扬镳了。

【原典】人之制性，当如堤防之制水，朝培暮植，犹恐蚁漏之易坏，若泛滥不固，一倾而不可覆也。

【释评】人的个性的培养，应该像抵制洪水的堤坝一样，要早晚去培土栽树来不断巩固，即使这样还担心被蝼蚁轻易破坏。可如果洪水泛滥了还不知道去加固，那么一旦溃堤就没办法补救了。

早在春秋时，有个帝王就以身为例，用生命给我们做警示，他就是卫懿公。此人是春秋时期卫惠公的儿子，名赤，当时人称公子赤。这位大王并无突出的政绩，可在生活上却有个无人不知、无人不晓的嗜好：爱鹤如命。他让鹤坐上了大臣才有资格坐的华美车子，还用精美的刺绣来仔细装饰鹤，无论在哪儿，都要有仙鹤陪伴，甚至还给仙鹤们编队起名，找专人训练鸣叫和跳舞，完全不理国事。所以很多人投其所好，争先恐后地来进献仙鹤，渐渐搞得赋税沉重、民不聊生。如果有哪个不知死活、大煞风景的忠臣敢来进谏，这位大王就当面严厉斥责。如此一来，百姓们更是怨声载道。

本来国内已经乱成了一锅粥，此时远方的北狄人又带两万骑兵来进犯。这敌人都到了自家墙根下了，卫懿公终于流下了眼泪向臣民们说："我知道自己错了。请大家一起抗敌吧。"众人说："您还是派您宠爱的仙鹤们出战吧！"懿公问："鹤怎么能打仗呢?"众人答："既然它不能打仗，没什么用处，为什么给鹤加封却不管我们的死活呢?"尽管懿公真心悔过，忍痛赶散了仙鹤，可最终还是被敌军破了城，自己也被砍成肉泥，落了个血迹斑斑的下场。

这看上去虽然有点玩物丧志的味道，却让我们更深刻地认识到，业精于勤荒于嬉，做人更是如此，时刻努力奋斗都唯恐不能成功，更别说出现问题却视而不见而任由其发展了。

【原典】近世士大夫多为子弟所累，是溺于爱而甘受其谤，殊不知父当不义，圣人犹许子诤。子弟不肖，而不能令，是纳于邪而不知义，方之训也。父兄之罪大矣。

【释评】有声望的人很多都被儿孙后辈拖累，这因为他们沉浸在对后辈的溺爱中甘心被人非议，却不知道长辈做事也可以有不合道义的时候，而圣人是允许弟子争辩诽谤的。后辈品行不好，长辈却不能尽早令其改正，当他们接受了邪恶不知正义的时候才想起去训教，那罪过就太大了。

古老的《三字经》里就有过“养不教，父之过”的论断，流传至今。古时候有过这样一个故事，大概是父母得子不易，对他是宠爱至深，还唯恐爱的不够多。这孩子逐渐养成了肆意妄为的个性，先是偷邻居家的鸡，后是破坏田里的庄稼。对这些绝不容忽视的问题，他的父母，全然不管，这孩子于是变本加厉地干坏事。孩子在他们的庇护下成长为一个邪恶的人，犯下了杀人的大罪，被判了极刑。临刑之前，他提出了一个要求，想见自己母亲最后一面，于是他的母亲被带到了儿子面前。面对悲痛欲绝的母亲，儿子说：“我能不能再吃您最后一口奶?”欲哭无泪的母亲点点头，随后便是一声惨叫，原来是儿子咬掉了母亲的乳头，恨恨地说：“当初如果你们好好地管教我，我怎么能有今日之死!”母亲愕然了，欲辩却无词，都是溺爱造成的结果，后悔已经晚了。

【原典】绮语背道，杂学乱性。

【释评】华丽的言辞常违背大道，学习的东西太杂会迷乱心性。

什么样的人就有什么样的言语，从言语中可以窥测人的性格特点、行为趋向。

李斯看见厕所中的老鼠和粮仓中吃大米白面的老鼠，他说的是：“人之贤不肖，譬如鼠矣，在所自处耳!”有人出息有人失败，这就和老鼠一样，关键是在哪里当老鼠，所以我李斯要做仓中鼠，绝不做厕中鼠！一句话，李斯的人生走向就出来了。同样是看见秦始皇威风八面的仪仗队，项羽的话是：“彼可取而代也!”刘邦说的是：“嗟乎，大丈夫当如此也!”清人王鸣盛就分析说：“项之言，悍而戾；刘之言，津津不胜其歆羡矣。”项羽的话让人不寒而栗，而刘邦话说的委婉曲折，垂涎于至尊之位的豪情壮语也表露无疑。两个人的人格、志向都表现得再清楚不过了。

【原典】邪正者，治乱之本。赏罚者，治乱之具。举正措邪，赏善罚恶，未有不治者。邪正相杂，赏罚不当，求治亦难矣哉！

【释评】邪恶和正直，是乱与治的根源。奖赏和惩罚，是达成治与乱的方法。以正直处置邪恶，奖励好惩罚坏，事事都能处理得当。而邪与正常相交杂，如奖赏和惩罚不当，想求得好的结果就太难了！

赏罚分明，奖善惩恶，自古便是君王治国的核心。奖赏的目的往往在于鼓励臣民更加忠心地去建功立业，而惩罚却是为了警示和杜绝各类违法作恶的现象。然而，赏善罚恶固然能起到治乱的作用，却也有它自身的弊端。假如奖赏过了头，又忽略了惩罚，再想去好好地治理国家，那就困难极了。这个道理用于治乱，生活中同样适用。

【原典】不临难，不见忠臣之心；不趋利，不知义士之节。

【释评】不遭遇灾难，就看不到忠臣的心；不追求财利，就不知道忠义之人的气节。

风雨同舟共命运，患难与共见真情，自古以来都是只有危难之际才能看清身边人的真实面目。亲友如此，君臣亦是如此。春秋时期的晋文公重耳，因为父亲听信了谗言，杀了当太子的哥哥，连带着他也受到了牵连，只能逃离家园，这一逃就是十几年，路上还不断遭到追杀。当时他还是公子重耳呢，逃亡路上经常食不果腹，衣不蔽体，十分凄惨。更倒霉的是，有一年他逃到卫国，还被自己的一个随从偷光了全部钱粮。重耳没有东西吃，饥饿难耐，就向农夫们乞讨，结果不但没要来饭，还被人家用土块当做饭给戏弄了一番。他悲愤不已，很快就要饿晕了，这个时候，他的身边只剩下了忠心的介子推不离不弃。这时介子推跑到山沟里，把自己腿上的肉割下一块，跟采来的野菜一起煮汤喂给了重耳。当重耳知道此事之后，大受感动，发誓他日做了君王要好好报答。后来终于拨云见日，重耳成了晋文公，只不过奖赏介子推的时候，他已经归隐山林了。

说到气节，归园田居的陶渊明是典范。他生活的时代动荡不安，他又不懂得阿谀奉承，处处受排挤。为了养家糊口，无奈之下来到彭泽当县令。这年冬天，他的上司派了个粗俗傲慢的官员来视察，陶渊明讨厌这个人，却又必须去迎接。这时，他身边的人提醒说："参见这个官员要小心，衣服要穿整齐，态度一定要谦卑，不然这官员一定去上司那告状。"正直清高的陶渊明长叹一声说："我宁肯饿死，也不能因为这五斗米的官饷向这种人折腰！"于是辞官归隐了。这么著名的"不为五斗米折腰"的典故，不正是在金钱面前，义士的气节吗？

【原典】予夺者，上之柄，臣不得专。赏罚者，上之权，其可私以循人乎？

【释评】给予和剥夺，那是皇上的权力，臣下不可专断独揽。奖赏和惩罚，也是皇上的权力，这些怎么能根据个人好恶循私呢？

皇权的至高无上，犹如四季的不可逆转，臣子只能听从。皇上给予臣民职责和奖励，和从臣民身上拿走所有一样，是生杀予夺的统治手段，这是臣子们没有资格去争取和独揽的事。而对于赏和罚，皇上也有自己的判断，臣子想循私也是不可能的。古代很多有所作为的君王，都意识到了手中权力对臣子和国家的重要。但凡那些昏庸无能的皇帝，手下往往伴随着一批充满私欲的大臣，最后落得个国将不国的下场。只有将手中权力赋予贤能，那才是聪明之举。

【原典】天下有正道，邪不可干，以邪干正者国不治：天下有公议，私不可夺，以私夺公者人弗服。

【释评】天地之间自有道，邪恶不能干预触犯。用邪恶去干预正道，国家将很难治理；天地之间有公正，非人力可夺，用私心去扰乱公正，百姓不会心服。

和珅是历史上以私乱正的典型，他的政治手腕和贪婪程度，超过了百姓想象的极限。和绅长得眉清目秀，机灵有才，善于察言观色，甚至到了皇帝一抬手，他就递上御笔的程度，凭着这股异于常人的伶俐劲儿，他深受乾隆帝的赏识，平步青云，权力越来越大。他掌了大权之后，搜刮民脂的行动就开始了。不但接受贿赂，还公开勒索，绞尽了脑汁地暗中贪污、明里抢夺，甚至各地官员进献给皇帝的贡品，都要经过他的手，他要挑出里面最稀罕宝贵的留给自己，剩下的才送进宫。皇上不过问，别人不敢说。

一次，一位大臣拿着一个稀有的鼻烟壶要献给皇上，路上巧遇和珅，和珅向他索要，大臣没给，场面十分尴尬。没几天，俩人再次相遇，和珅却拿着一模一样的鼻烟壶向他炫耀，原来这正是和珅买通太监从宫里偷出来的。这么一个为了敛财胆大包天的人物，却无人敢去招惹。反而有无数官员四处搜刮珠宝去讨好他，于是大官压小官，小官压百姓，和珅日益壮大的私欲，激起了百姓冲天的怨恨。终于，嘉庆帝登基后，就彻查和珅的贪污案，查抄了他数不清的财宝。贪赃王法的和珅，这才真正走到了生命的尽头。

历史上像和珅一样的大贪官，无一不遭受到了严厉的惩罚，因为他们邪恶的内心触犯了这个世界公正的准则，妄图用破坏正道的方式满足自己的私心贪念，这种做法，必然会遭到公平的审判和百姓的怨愤。

【原典】富贵在天，取舍在人，在天者听，在人者断，善良者听之道，谦损者断之本。

【释评】富贵是由上天决定的，而取舍却在于人，天命只能听之任之，无法违抗，但人的取舍全凭自己决断。纯真温厚的人会听从自己的内心去决断，品行不端的人则根本无法决断。

孔子说“生死有命，富贵在天”，人的生死、富贵等一切遭际全都是老天爷说了算。说得抽象些，就是有一种无形的力量在支配着大千世界。《红楼梦》第四十五回说得好：“生死有命，富贵在天，也不是人力可强的。”到最后都是过眼云烟。有人觉得大富大贵就是幸福，成天想着如何往口袋里搂钱，而有的人觉得布衣粗食也是幸福，无论古之圣人，还是凡夫俗子，面对人人眼馋的荣华富贵难免要做个选择，生活不是简单的得到和失去，有时候失去比得到更可贵。

聖賢師心不師跡雖百世而道同後世師跡不師心雖時同而術異

目主明五色可以盲其明耳主聽五音可以聾其聽非耳目之罪心不正則視聽狂聰不聰明不明也

大則治亂邪正小則晝夜死生皆反手耳反邪則正反亂則治反夜則晝反死則生豈可猶豫苟且而為哉

耳雖聞目不親見者不可從而言之流言可以惑衆若文其言而貽後世恐是非邪正失實

【原典】富贵以道得，伊尹是也；贫贱以道守，颜渊是也；俱为圣为贤。负鼎干汤与箪瓢陋巷，劳逸忧乐不可同日而语也。

【释评】按照自己内心的准则去做能得到荣华富贵，伊尹是这样的；坚守自己内心的准则而低微贫贱，颜渊是这样的。他们都是大圣大贤之人，伊尹背负鼎俎见汤与颜渊箪瓢居于穷街陋巷，区别只在劳逸和忧乐。

伊尹由烹饪而通治国之道，成为商汤心目中的智者贤者，被任用为相，颜渊一箪食，一瓢饮，在陋巷，却也能不改其乐。

古代有一位很有名的智者药山禅师，有一天，他在庭院里乘凉，两位弟子在身旁伺候。禅师看到院子里有棵大榕树长得十分茂盛，而旁边的一棵却枯死了。禅师先问其中的弟子道吾："这两棵树是荣的好还是枯的好呀?"道吾回答说："荣的好。"禅师没说话，又问另一个弟子云岩同样的问题，云岩回答说："枯的好!"禅师还是没说话。这时，正好一个侍者经过，药山禅师又问了他同样的问题，侍者回答说："枯有枯的好，荣有荣的好。"听完后，禅师说："荣有荣的道理，枯也有枯的道理。世事总有是非曲直、善恶对错，是因为我们都是用不同的标准去认识的。"

世人多想富贵，位高权重，但箪瓢陋巷也不失为一乐趣。当我们纠结于富贵与贫穷之间时，是否问过我们真正想要的是什么呢? 富贵固然好，但如果整日为富贵所累，倒不如与贫穷相伴，心不染尘。

【原典】圣贤师心，不师迹，虽百世而道同；后世师迹，不师心，虽时同而术异。

【释评】圣贤学习的是精神，而不是学习前人留下的言论，虽然经历百年，道理依然相通；而后世的人学习的则是前人的言论，不是学习内在的精髓，尽管时机相同而方法却大错。

无论学习还是管理，都应该懂得掌握基本的精神和内在的精髓，遵循前人的经验之谈虽然会让我们少走许多弯路，却毫无创新可谈，即使取得了成功，也不会丰硕。反而是那些敢于钻研内在规律的人，更能体会艰难奋斗之后果实的甜美。

古希腊有这样一个寓言：一头驴听说蝉唱歌非常好听，很钦佩，便去找蝉想向它学习唱歌。蝉在驴的面前骄傲地展示自己美妙动听的声音，可是驴却始终都学不会，反而一张嘴发出的都是让人难以忍受的噪音。驴很难过，这个时候，蝉就对驴说："你学唱歌可以，但你必须每天都像我一样用露水充饥。"驴听从了蝉的话，真的每天都喝露水来充饥，可悲的是，没过几天，驴就饿死了，唱歌的本领也没学会。这个故事听起来有点残忍，可现实之中像驴这样的人还有很多，想要去学习本领的本意是好的，但一味地去学习别人的经验和方式，而没有真正考虑过其中的规律是否适合自己，到头来只有适得其反。

【原典】目主明，五色可以盲其明；耳主聪，五音可以聋其聪。非耳目之罪，心不正，则视听狂。聪不聪，明不明也。

【释评】眼睛最基本的功能是看清事物，但各样的色彩却让人眼花缭乱。耳朵最基本的功能是听到声音，但嘈杂的音调却使人听觉失灵。这不是眼睛和耳朵的罪过，心思不够专注，视觉和听觉自会混乱，于是听也听不到，看也看不清了。

这里面的道理非常适用于我们的学习和工作，简单贴切。做事情的时候，聚精会神与心不在焉，会产生两种非常明显的结果。一切都在于我们的内心是否足够坚定，是否能做到不被外物干扰。

古时候，有个叫弈秋的人，他是全国最会下棋的高手。有两个人都来向他学习下棋的技艺，其中一个人专心致志，除了一心听从弈秋的教导之外，就是埋头钻研、反复练习；另一个人虽然也在听着弈秋的讲解，可是心里总认为天上会有天鹅飞过来，总想着拿起弓箭去射它。就这样，日子一天天过去，尽管他和前一个人一同听讲和练习，学习的效果却远远落后。我们能说他的聪明才智比不上前一个人吗？不是这样。这告诉我们什么情况？那就是学习贵在一个"专"字，只有一心一意，不被外界的斑斓和嘈杂所影响，才有成功的可能。

【原典】大则治乱邪正，小则昼夜死生，皆反手耳。反邪则正，反乱则治，反夜则昼，反死则生，岂可犹豫苟且而为哉！

【释评】大到治与乱、邪与正，小到昼与夜、死与生，都是对立的两个方面，非此则彼，这中间可容不得半点迟疑和马虎啊！

生与死、邪与正、祸与福，好像都是一念之差的事，其实却是人各自心胸、智慧、人格的一个比拼。

同是汉初三杰，张良和韩信的命运很不同，原因就是各人选择、决断的差别。张良一辈子都夹着尾巴做人，总是用狐疑的眼光打量着这个世界，体味着世态炎凉人情冷暖。本来他也是有血性的汉子，也曾买凶杀人，想要除掉秦始皇。但时运不济，未能刺杀成功，张良只好亡命天涯。

就在张良痛定思痛、决定改弦易辙之际，他巧遇了黄石公这么一个神秘的老人，获得了立身行世的新法门，后得到刘邦重用。刘邦坐上了皇帝的宝座后，对手下那些呼风唤雨、野心勃勃的功臣名将都极不放心。于是就找各种茬子，一个一个地除掉，甚至连他最信任的萧何，也一度想杀掉。这时张良敏锐地嗅到了危险的气息，他赶紧向皇帝打报告，说自己身体不好，每天需要炼丹制药，所以主动要求告老还乡。刘邦批准了张良的请求。

和张良一样功勋卓著的韩信，就没他的智慧。韩信认为自己曾辅佐刘邦打天下，理应享受一切荣华富贵，所以正如前文讲过的，他最后只有死路一条了。

【原典】耳虽闻，目不亲见者，不可从而言之。流言可以惑众，若文其言而贻后世，恐是非邪正失实。

【释评】虽然是耳朵听见的，但眼睛却没看见，就不可盲从着到处去讲。流言可以蛊惑众人，如果再加以文饰并使之遗留后世，就恐怕是非邪正就很难搞清楚了。

“三人成虎”原本是说有三个人说集市上有老虎，人们就信以为真。这足以说明，谣言惑众并非由于谣言本身的可怕，而是由于传播谣言的人可恶。这就像历史上陈世美的原型人物，本身是个大孝子，一个贤良的好官，却因为没有给一个会编谎的同乡开后门而得罪了他，于是这个人写了一出戏，塑造了一个遭无数人唾弃，抛家弃子、忘恩负义的形象，后经历代戏曲的演绎，一代良臣遂成千古罪人。“陈世美”真比窦娥还冤。

【原典】忧国者不顾身，爱民者不罔上。

【释评】忧国的人不会顾及自己，爱惜百姓的人不会蒙蔽君主。

陆游死前有一首诗给他儿子，曰《示儿》：

死去元知万事空，但悲不见九州同。

王师北定中原日，家祭无忘告乃翁。

这首诗写得情深意切，老人家虽然年逾古稀，行将就木，却因九州不统一而死不瞑目，陆游一生有 9300 首诗，其中大部分都是与爱国相关的主题，他曾说“位卑未敢忘忧国”。同陆游一样，很多爱国诗人都将个人生死置之度外，将个人前途与国家命运结合起来，像战国时期的屈原为奸人所害，无法取信于楚王，救国无望，最终以身殉国；唐朝杜甫奔走中原蜀地，自己蜗居在草堂，茅屋被秋风吹破，却依然心怀天下苍生。

在杭州西湖，有一条白堤，是唐代诗人白居易所修；还有一条苏堤，是宋代大家苏东坡所修。他们都是当时的大文豪，虽被发配地方却不自怨自艾，依然有所作为。他们做官的目的是心系天下百姓，所谓“民为贵，君为轻”，即使贬谪边疆也能造福一方，与民同乐。

心怀赤子之心，将一腔青春热血献给黎民，又何须欺君罔上?

【原典】以是为非，以非为是者，强辩，足以惑众；以无为有，以有为无者，便僻足以媚人。心可欺，天可欺乎?

【释评】混淆是非的人善于强词夺理以蛊惑众人。颠倒黑白的人善于用逢迎谄媚来迷惑别人。然而骗得了自己的心，难道连天也能骗吗?

那些颠倒是非的人往往信心十足、想尽各种方式来蛊惑别人。但最终下场还是失败的，有名言说“人可欺而心不可欺，心可欺而天不可欺。”上天是不能欺骗的，因为天就是公理，是不允许世人胡作非为的。

【原典】君子独立而持正，故助之者鲜；小人挟党以济私，故从之者多。

【释评】君子独高，特立独行，所以表面上显得帮助他的人少。而小人结党营私，跟从的人却很多。

战国末年，一度强大的楚国为秦所灭，重要的原因之一就是楚王听信小人谗言，而远离像屈原那样的忠臣，所以屈原才有“举世皆浊而我独清，举世皆醉而我独醒”的感叹。屈原说这样的话并非自夸，更非自负，小人有小人的追求——那就是眼前的利益，而君子有君子的做人之道，当治国无门，宗国无望的时候，屈原只能选择自沉汨罗江。这是君子矢志不渝、忠贞不悔的选择，所以君子的德行会为后世人所称赞，为历史所铭记，而小人或许会短暂得志，但在历史的风云里却只会遭人唾弃。

小人往往帮凶众多，对不明事理的人来说，小人所作所为常常是对的，而真正的君子却要蒙受被人误解的痛苦。人们常说“真理掌握在少数人手里”，也常说英雄是孤独的并非没有道理。也有人会在蒙受小人的打击之后逐渐放弃自己的原则，与小人为伍，进而同流合污，所以真正的君子不仅要耐得住寂寞，还得坚持住自己的原则。正如鲁迅，其思想如同未来理论，在当时人们无法接受，所以他生前常被围攻，身后亦时时遭遇误解。

有些人，因为他们的浅薄和无知，造成了他们无所畏惧，这就是人们所说的“无知者无畏”；也有的人，因为他思想的独立和超前，以致造成了一生的寂寞，所以李白说“古来圣贤皆寂寞”。显然，这是李白结合自身感受说的，因而一语中的。

【原典】君子周身以道，小人周身以术。

【释评】君子持身行事依仗的是道义，而小人立身行事全靠手段。

君子和小人的区别，其实就表现在思想境界上，品德高尚的人常常会以德报怨，自己吃亏也毫不在意；而小人目光狭隘，蛇蝎心肠，千方百计为自己谋利益。所以说，君子成人之美，哪怕牺牲自己的利益；而小人成人之恶，哪怕损人也不利己。

唐朝奸相李林甫，人称“口有蜜，腹有剑”，小人虽不学却有术，据说李林甫把“弄璋之庆”（祝贺人家生男孩）写成“弄獐之庆”（祝贺人家生了一头獐子），贻笑四方。可就是这样一个无才无德的人，却偏偏可以身居相位，排挤走了名相张九龄，压制了李白、杜甫等一大批正派文人，因为他是无论如何也招架不住这些文化贵族的，所以只能用下三滥的伎俩陷害打压。

历史上的正直文人常常发壮志难酬、报国无门之感慨，其原因也往往是小人在作怪，皇帝最爱听甜言蜜语，最爱顺应自己心意的奴才，小人最懂阿谀奉承，文人又最是认真执著，其结果自然是皇帝亲小人，远贤臣，但小人虽常常得志，也往往不得善终。对于“达则兼济天下，穷则独善其身”的君子来说，害人之心从没有。

【原典】忧天下国家者，其虑深，其志大，其利博，其言似迂，其合亦寡，其遇亦难，吾孔孟是也。

【释评】心忧天下的人思虑深沉，志向远大，利益指向博大，但其言语常会显得迂腐，与之合得来的人少，得遇君主的重用就更是难上加难，孔子和孟子就是这样的人啊。

中国文人有一套通用的为人处世之道——修身、齐家、治国、平天下。修身为第一要务，齐家是基础，治国是人生目标，平天下为最高理想。范仲淹在《岳阳楼记》中有名句“先天下之忧而忧，后天下之乐而乐。”在天下忧虑之前先忧虑，在天下快乐之后才快乐，所以在有家国理想的文人的世界里，他们“位卑未敢忘忧国”，他们为了实现志向而不辞奔波，他们看不惯人们习以为常的腐败，所以出淤泥而不染，进而远离淤泥，赤诚之心，可见一斑。

在世俗的人眼里，文人有很多“怪癖”，譬如说话咬文嚼字，孤单不合群，喜欢高谈阔论。其实，我们或许可以这样理解他们：说话讲究是因为他们最讲斯文，读书人常说某某“有辱斯文”，他们不合群是因为很难找到意气相投的人秉烛夜谈，即所谓的“曲高和寡”。他们有远大理想，而且为之毕生奋斗。只是这种执著常常在现实的碰壁中变得狼狈不堪，当下无力改变，又不能同流合污，只能选择心灵的超脱，自由自在，孟子说“吾将曳尾于涂中”，等待时间去证明一切。

【原典】趋捷径者，不问大路；喜佞言者，不亲正人。

【释评】喜欢走捷径的人，不走正路；喜欢听花言巧语的人，不会喜欢正直的人。

“捷径”可以理解为近路，喜欢抄近路的人，因为吃到甜头，所以想一而再、再而三地再吃，就像一个在树桩下打盹儿的农民偶遇兔子撞树一样，吃了一顿鲜美的兔肉之后难忘其味，于是天天在树下等兔子来撞，便有了“守株待兔”的故事。凡事都想抄近路，走捷径，只会滋长一些好逸恶劳的坏毛病而已。

喜欢百灵的人，就别指望他喜欢八哥，更别提乌鸦了。听惯了好听话的领导，偶尔听一句抱怨话就觉得失望，所以身边多拍马屁奉承之徒，这样的领导指望他有多大作为呢？诸葛亮在出征前上奏后主刘禅《出师表》，告诫之：“亲贤臣，远小人，此先汉所以兴隆也；亲小人，远贤臣，此后汉所以倾颓也。”小人多阿谀奉承，花言巧语；君子多方正之语，不屑与小人为伍。一旦亲近小人，不仅要受其害，连君子也要远离了。

【原典】得天地之至和者为君子，故温良慈俭；秉阴阳之谬戾者为小人，故凶诈奸邪。

【释评】得到天地和气者为君子，他们温和善良慈爱节俭；秉持阴阳错乱的是小人，他们凶残狡诈奸佞邪恶。

曹雪芹将人分为三大类，大仁之人和大恶之人，其余的就是寻常普通人。应运而生的人，吸取了天地之精华，日月之灵气，成为大仁之人，比如尧、舜、禹、孔子、孟子。所谓圣人，并非都是高高在上，远离人间烟火。说起来，这些人虽然听上去遥不可及，可翻翻书才发现他们实际上是很和蔼可亲、温和善良而且力行节俭的。与此相反，应劫而生的人，吸取的是天地之邪气，扰乱天下，成为大恶之人，比如夏桀、商纣、秦始皇、王莽等。

“仁”几乎就是孔子的符号，孔子讲究以仁治天下。他的学生子路喜欢武术，常在他面前舞刀弄枪，想以刀剑自卫。孔子则认为，真正的君子，以仁义作为武器就可以抵挡千军万马。子路后来恭恭敬敬跟随他学习仁之术。即便后来周游列国，在现实中受尽打击，依然坚持仁爱和谐。

有喜欢和平的人，自然就有战争狂人，秦始皇就是其中之一，他第一个建立统一王朝，自然打了无数次仗。打仗就有死伤，似乎无法统计秦始皇在统一六国之后杀了多少人，不过后来的焚书坑儒倒是可以说明他的残暴，他为了达到思想统一的目的几乎把天下的诗书烧光了，这是焚书；因为一个案子就杀了将近500个儒生，这是坑儒。所幸的是，中国的历史和文化没有因为他这一焚一坑而断送。

君子和小人的差别一仁一邪，犹如天壤。

【原典】重名节者，识有余而巧不足；保富贵者，智不足而才有余。智识明者，君子；才巧胜者，小人。

【释评】重视名节的人辨识的能力有余而技巧不足；保全富贵的人才气过人但智慧不足。有智慧又有见识的人是君子，依赖技能和技巧取胜的人是小人。

古代女子信奉“饿死事小，失节事大”，殉夫或者至死不改嫁的寡妇，在其死后有人会为她树一个贞洁牌坊。所以，在古代女子的思想里，读不读书倒没什么，相夫教子是第一要务，在家听父母的话，出嫁后要听丈夫的话。在古代，男子可以三妻四妾，光明正大，而一女不仅不可能侍奉二夫，甚至连改嫁都会遭人耻笑，遭乱棍打死。这其实是古代迂腐守旧的观念，有些不变通违背人性了。其实所谓的名节主要应该在于不做坏事，对得起自己的良心就行。

在古代，还有一种说法是，“万般皆下品，惟有读书高”。古代的商人不管赚多少钱，都逃脱不了一个事实：社会地位是很低的，因为他们永远比不上读书人有智慧。读书人都在书里寻找黄金屋、颜如玉，除非读书不成又吃不了种地的苦才去当商人。在古代当商人，实在是一种家门不幸和家族耻辱。这种观念在现在看来，也有失偏颇了。

【原典】善恶之性，不可易，如水不能燥，火不能湿。形色语默之间，善恶自见。

【释评】善恶乃是人的本性，不可改变；这就像水不能燃烧，火不能沾水一样。在神情与言谈之间，善恶自然而然表露出来。

俗话说江山易改，本性难移。表面的形式很容易发生变化，而骨子里的人性很难改变。有个童话故事颇能说明这个道理：一只雌猫，她看上了一个年轻帅气的小伙，于是向女神祈祷，女神被她的真情打动，于是用法术把她变成一个美丽的姑娘，让她和小伙私定终身。有一天女神想试探一下猫姑娘变成人形后是不是还保留着原来的野性，就在屋里放了一只老鼠。这时猫姑娘从床上冲下来按住老鼠就要吃。于是，女神气愤地又把她变了回去。

善恶是人真正的内力，这种内力一旦发挥出来可以释放出无穷的力量。这就是人性，人的本性一旦定型，就不会轻易发生变化。曹操小时候就颇有心机，他不喜欢自己的叔叔，就在叔叔面前装晕倒。等他叔叔赶忙把他父亲找来，他若无其事地说叔叔在骗父亲，因此导致他父亲和叔叔二人失和。曹操还跟袁绍等人把别人的新娘子骗走了，被人发现逃跑的时候袁绍掉进了窟窿，曹操冲着袁绍大喊一声“贼在这里”，袁绍一着急从窟窿里跳了出来。等到曹操成年，这种心机发挥得更明显，在曹操落难之际，故交吕伯奢一家留他借宿，人家拿刀烹羊宰牛，他却以为要拿刀杀他，于是先下手将吕家灭门。

人的本性隐藏在内心深处，但是总会在言行之中不由自主地表现出来，是善是恶最终还是掩盖不了的。

【原典】古之人孝弟力田，行著于乡州党族，名闻于朝，故命之以官。其临民也，安得不岂弟？其从事也，安得不服劳？其事君也，安得不忠？

【释评】古代勤劳耕田，孝顺父母，和兄弟朋友关系很好的人多闻名乡里州县朋友宗族之中，名声传到朝廷，所以就会任命他为官。这样的人一般都能视民如子，做事勤劳，忠于君王。

汉代以后有一种选拔官员的手段叫——“举孝廉”，就是推荐博学多才，而且孝顺父母，行为清廉的人做官，到了隋唐年间才有的古代高考——科举考试。

东晋有个人叫颜含，在家里排行老三。颜含的大哥生病，死在医生家里，搬棺材的途中出现了一些怪事，小小年纪的颜含劝父母打开棺材，发现大哥还没死。大哥长期卧病在床，大家都懒得照顾了，只有颜含尽心尽力，一直伺候大哥直到死去。颜含的二嫂得了眼病，看不见东西，他查医问药，终于治好了二嫂的病。后来，颜含又送走了二哥。为了照顾好父母，他十几年不出门，也没有做官。颜含的行为经过街头妇女的议论，传遍了四方。等到父母兄弟全部去世他才接受推荐，当了东海王司马越的太傅参军。

在颜含心中，孝悌第一，做官第二。因为父母在，不远游。他为了照顾父母兄弟，居然十几年不出门，具有这样品德的人，皇帝哪有不重用的道理？

【原典】爱身者，所以孝于亲；爱民者，所以忠于君。

【释评】爱惜自己身体的人，才能够孝顺父母；爱护人民的人，能够忠于君王、国家。

前文提到说“身体发肤，受之父母”，要爱惜自己的身体发肤，就是对父母的孝，这样说，不无道理。孩子身上的一丝一毫都牵动着父母的心，照顾好自己，让他们放心是孝心的一种体现。至于说不削发就是孝，今天看来是一种脱离了时代和现实的观念。

爱惜自己，才能孝顺父母；爱护他人，是忠君的表现。顺治十八年，44 岁的于成龙接受清廷委任出仕，他不顾阻拦抛家别子到千里之外的荒凉之地做县令。他爱民如子，为了百姓不惜自己吃苦受罪，升职后依然不改艰苦朴素作风，拿自己的薪俸救济他人，虽身居要职，却囊中羞涩，两袖清风。被康熙誉为“天下第一廉吏”。经过皇帝的号召，于成龙爱民如子的事迹广为传颂，并经过民间的传说渲染，越说越神。这其实从侧面反映了百姓们对这种官吏的渴望和热爱。

每个时代都有“时代先锋”，即使身处不同的世纪，却有共同的特点——爱民心切，忠于国家。

【原典】高不可欺者，天也；尊不可欺者，君也；内不可欺者，亲也；外不可欺者，人也。四者既不可欺，心其可欺乎？我心不欺人，其欺我乎？

【释评】能够不欺骗上天、君主、亲友的人，在外面也不欺骗别人。我不欺骗别人，别人还会欺骗我吗？

说起来，骗子由来已久，众所周知秦朝赵高光天化日之下指鹿为马——赵高想谋朝篡位，为了试一试在群臣里的威信，派人牵来一只鹿到秦二世面前，非说这是马，迫于赵高的淫威群臣或者选择沉默，或者违心附和，指着鹿说那是马。

欺骗本身是一种无知，小人却偏偏要利用这种无知来显示自己可怜的智慧，其结果往往是聪明反被聪明误，被人嘲弄。赵高迫使秦二世自杀，另立子婴，却最终死在子婴手上。这便是历史的嘲弄。

欺骗别人的人，别人自然会远离他，甚至欺骗他。反过来，对别人好的人，别人也会对他好。君子之交，其实就是将心比心，以心易心。

【原典】溺爱者受制于妻子，患失者屈己于富贵。

【释评】沉溺于爱的人乐于受妻子和子女束缚，患得患失的人容易被金钱奴役。

养不教，父之过，父辈的溺爱让孩子有恃无恐，甚至无法无天。到头来，受到惩罚的是孩子，出来收场的是父亲。

真正懂得生活的人，不是拿钱来显阔绰，而是让金钱衬托自己的生活，找到一种幸福感。但很多有钱人反而患得患失，于是没有了快乐可言。他们被金钱束缚，成为金钱的奴隶。在巴尔扎克的《人间喜剧》里，我们见到了一个拜金狂葛朗台。他是法国索漠城最有钱的商人，可是他却一毛不拔，他的眼里只有金子，为了存钱他甚至以百米赛跑的姿态冲向梳妆匣，真是饿虎扑食啊。为了省钱，他一整年不买菜和肉，寒冬腊月舍不得生火，真是让人哭笑不得。金钱可以让人上天堂，也可以让人下地狱，就看自己以什么心态对待了。

【原典】大丈夫见善明，故重名节于泰山；用心刚，故轻生死如鸿毛。

【释评】大丈夫对什么是善见识深明，总是把名节看得比泰山还重；内心刚正，就会把生死视如鸿毛。

在苏州的文庙院里有一块石头，上面刻着“廉石”二字，说起这块石头，还有一段经典的故事。

三国时期孙权平定岭南的郁林之后，派手下太守陆绩去镇守，其实就是让他开荒。而陆绩对于这项苦差却一丝不苟，勤勤恳恳干到任满为止。因为他为官清廉，走的时候除了几件衣服和几箱书外就没有别的东西了。船夫说这样走恐怕不行，风会把船掀翻的，得找点儿东西压船。陆绩就用剩下的几个钱买了几大坛咸菜放在船上，无奈还是太轻。可是又没有钱买东西，于是搬了块大石头，最后平安返回故乡，后来石头也舍不得扔，就运到院子里，在石头上写了“郁林石”三个字。

陆绩做了半天官，告老还乡本是荣耀事儿，却不想如此狼狈，到最后买咸菜的钱也没了，穷得只剩下块石头。后来这个故事被人知道，纷纷赞扬陆绩清廉，这块石头甚至比陆绩还有名了，人们称之为“廉石”。

即便陆绩走之前给自己准备了一些日用百货压船，又有谁计较呢？名节这东西，看不见，摸不着，但是对于陆绩而言实在是重于泰山，其实这便是智慧，好的名声用多少百货也换不来。

【原典】父善教子者，教于孩提；君善责臣者，责于冗贱。盖嗜欲可以夺孝，富贵可以夺忠。

【释评】好的父亲教育孩子，是从孩提时代开始，好的君主劝责臣子，多在其平庸衰微之时。欲望太强会让一个人失去孝心，富贵可以让一个人失去忠心。在财富、富贵面前，孝道、忠诚会变得软弱，富贵的欲望是德行最大的敌人。

“人之初，性本善”，没有一个人天生品行不良，加之父母和老师的教诲，相信谁小时候也不会立志去做个坏人。如果梳理一番坏人是怎样走上不归路的，最重要的原因可能就是欲望了。对金钱、富贵的欲望，使人丧失了宝贵的善念，孝道、忠诚、礼义廉耻等德育教育，在权力、富贵面前显得不堪一击。

当一个人眼里只有金钱地位的时候，他就会得一种病，就叫“异化”，异化为外物的奴隶，从而失去人性本该有的善，甚至沦为一个可怕的恶魔。所以，在富贵面前，可要慎重啊，它可能就是让你倒霉的毒药。

【原典】为善易，避为善之名，难。不患人易，（案此句疑有脱文）犯而不校，难。

【释评】行善容易，躲避行善的名声很难；不害人容易，被人侵犯而不计较很难。

做好事的人一般不张扬，更不会留名，但往往名声在外。春秋时期鲁国有很多人在国外当奴隶，鲁国开始了“拯救奴隶”的计划，出台了一个政策：凡是在国外赎回奴隶的人都可以去官府那里报销赎金，还能领取奖励。孔子的学生颜回到齐国去，赎回了很多奴隶。他没有去报销赎金，也没有告诉别人。但是大家都知道了，都称赞他。我们往往说“坏事传千里”，有了好事一样会传千里。

常言说，害人之心不可有，防人之心不可无。大多数人都没有害人之心，但是几乎所有人都对别人有戒备心，一旦被人侵害便怀恨在心，寻求机会报仇，冤冤相报何时了啊！

一个人，即使他成不了你的朋友，也不要让他变成你的敌人。即便他冒犯了你，选择大度地原谅不更值得人敬佩吗？三国时期东吴的大将周瑜并非像罗贯中所描述的是个小肚鸡肠，死不瞑目的人。历史上的周瑜十分大度，史书上赞其“雅量非常”。东吴老将程普资历老而职位比他低，因此心中不悦，经常当众侮辱他。谁知周瑜最不爱计较，不仅不在乎，反而跟他套近乎，用弥勒佛的肚量感动了程普。由此可见，周瑜并非一般人。

不是有违原则的来犯，就不要过分计较，用大肚来容天下难容之事，以柔克刚，问题就可以轻而易举得到解决。

【原典】涉世应物，有以横逆加我者，譬由行草莽中，荆棘之在衣，徐行缓解而已。所谓荆棘者，亦何心哉！如是则方寸不劳，而怨可释。

【释评】人生在世，免不得遇到艰难险阻，就好像走在丛林遇到荆棘，走慢点儿就好了。遇到荆棘又何必放在心上，这样的话心不会累，心里的怨气也可以缓解了。

人生在世，少不了风吹雨淋，免不了七灾八难。有的人从此一蹶不振，万念俱灰；有的人笑看沧桑，愈挫愈勇。

很多时候，遇到挫折，我们的双眼便成了放大镜，将痛苦放大，把后果想得过于严重。这岂不是双重损失，既丢了好运气，也没了好心情。何不洒脱一点，豪放一些？

历经磨难，才能成功。孟子说，“故天将降大任于斯人也，必先苦其心志，劳其筋骨，饿其体肤，空乏其身，行拂乱其所为，所以动心忍性，曾益其所不能。”即使是“齐天大圣”孙悟空，也要历经五行山下五百多年外加九九八十一难才能修成正果啊！

【原典】以言伤人者，利如刀斧；以术害人者，毒如虎狼。言不可不择，术不可不择也。

【释评】用语言伤人就像刀斧劈人，而用权术害人的人，比老虎和狼还要狠毒。说话要有选择，做事要讲方法。

人们常说，“良言一句三冬暖，恶语伤人六月寒”。而管不住自己的舌头，不仅容易伤人，还容易惹祸，祸从口出就是这个道理。一语伤人，小肚鸡肠者必定怀恨在心，伺机报复；即便不是恶语，而是逆耳的忠言，别人也未必领你的情，所以懂得沉默也是一种处世的智慧。说者无心，听者有意，有时候在不经意间会伤害了别人。

做事也是一样，如果有害人之心，随意去咬别人一口，跟毒蛇蝎子就没什么区别了。凡事要动恻隐之心，为自己考虑的同时也要为他人考虑。有个故事，说上帝留给沙漠里的两个饥饿的人一根鱼竿和一篓鲜活的鱼。一个人要了鱼竿，还没有走到海边便饿死了；另一个人得到了那篓鱼，将鱼做成鲜美的鱼汤一饮而尽，不久也饿死了。有人不解上帝帮了他们何以还会饿死，难道是上帝给他们开了个玩笑吗？上帝说，我原以为他们俩会靠着这篓鱼坚持到海边，以后也便有了谋生的手段，没想到他们只顾自己去逃命。若能为别人考虑一下，也能保全自己，两全其美的事情，很多人却没意识到。

【原典】古人畏四知者，谓天地彼我必有一知者，不得不畏。况处八达之衢，为万目所视，畏乎所当畏，行乎所无畏可也。

【释评】古人敬畏四知，所谓天知、地知、人知、己知，一定会有一个知道的，这就让人不得不害怕了。在四通八达的地方，被很多人盯着，怕应该怕的，做自己该做的就可以了。这句话的意思是做人要光明磊落，并有所畏惧。

人们常说：“天知地知，你知我知。”这句话来源于东汉杨震。杨震因德才兼备被人推荐当官，后来升为东莱太守。在去东莱赴任的路上，路过昌邑，而昌邑县令正好是经过杨震举荐才做官的王密。王密为了表达知遇之恩，在夜黑风高之时，拿着10斤黄金突然造访，其实他还有另外一个目的，想让杨震继续提拔自己。杨震为人正直，后悔自己推荐了这样一个人，生气地说：“天知、地知、我知、子知，怎说无知?”王密送礼不成，反倒碰了一鼻子灰，灰溜溜地走了。

阴险小人做事都喜欢摸黑，像王密这样，心里装着小算盘，走到哪儿，算到哪儿。这种人心里沾满了灰尘，在巧妙的伪装下，会让人看不清他们的本来面目。心胸坦荡的人，光明磊落，到哪里都是心底无私天地宽。

【原典】诚无悔，恕无怨，和无仇，忍无辱。

【释评】诚实的人不会做出令自己悔恨的事，宽恕的人不会有怨愤，和善的人没有仇敌，忍让的人不会受侮辱。

做人要诚实，一个不断撒谎的人实际上就在慢性自杀，存在信任危机的人，那么离祸患也不远了。

和善之人对人对事心态平和，谦卑有礼。传说在文王时期，天下就治理得很好了，百姓路不拾遗，夜不闭户。周文王把百姓当亲戚，别人受苦他心里都感到难过，他不光对活人好，看到死去人的枯骨都吩咐人掩埋。人们说，和气致祥，对人和善可以带来吉祥。文王和善，天下大治，天下诸侯都归顺他了。

有一种胜利叫逃跑，有一种策略叫忍让。逃跑是因为孙子教给我们“三十六计，走为上计”；忍让是为了更好地占据主动，所以我们说“退一步，进三步”。可见，懂忍是一种智慧，能忍是一种能力。忍不仅不丢脸，还会带来无限的荣耀。

【原典】为子孙作富贵计者，十败其九。为人作善方便者，其后受惠。

【释评】总是打算为子孙做留下财富的，十之八九会败家。而为人行善、方便他人的，其儿孙则会得到福报。

富家多纨绔子弟，败家子多了，祖宗留下的财产也很容易被挥霍一空。正所谓，打江山容易守江山难，创业容易守业难。与其留下家财万贯，不如留下一纸家训。晚清重臣曾国藩由一农家子弟而封侯，权倾天下而善终，他的后代，人称“曾国藩家族”，在各行各业都涌现出了相当优秀的人才，而《曾国藩家书》堪称家教界的《孙子兵法》。到了现当代，中国社会又出现一本《傅雷家书》，同样是成功培养后代的方案。可见，子孙后代的成人成才不在钱物多寡，而在思想饱满与否。

俗话说：与人方便，自己方便。有个人扫雪的时候，顺便把邻居家门前的雪也扫了，后来再下雪邻居也帮他扫，下雨的时候见他家没人便帮他收衣服，远亲都比不上这种近邻。那种“自扫门前雪”的人当然别人也“休管他家瓦上霜”。而过河拆桥的人不光让别人过不了河，等到他再过河的时候也得自己搭桥。

【原典】耳不闻人之非，目不视人之短，口不言人之过，庶几为君子。

【释评】不听别人议论他人的坏话，不看别人的毛病缺点，也不埋怨别人的过错，这样的人差不多就是君子。

在我们身边，有这样一些人，在某个地方听到别人的一句坏话，经过自己的添油加醋，所到之处，信口开河。一天到晚只知道搬弄是非，唯恐世界不乱。

流言止于智者，这智者就是古人所说的君子，他们从来不会对别人说三道四，反而喜欢成人之美，适度地夸奖或者恭维别人。这并不意味着他们无视别人的缺点，而是说他们会识时务地找到合适的机会和场合委婉劝诫。当然这两种人有着天壤之别，前一种只能说“没品”，而后一种倒显得颇有“风度”。

整天盯住别人身上的缺点就好像死命盯着墙上的一个钉子一样无聊。要懂得哪些事情更重要，所谓君子，其实也不过如此。

【原典】为善不求人知者，谓之阴德。故其施广，其惠博，天报必丰。是故圣人恶要誉，君子耻姑息。

【释评】做好事不求别人知道，暗中施德于人，叫做“阴德”。好事做得越多，上天回报也越丰厚。所以圣人厌恶索要赞誉，君子耻于无原则地宽容。

在快速发展的社会中，有些人变得浮躁了，旧时代的楷模往往成为这些无聊人茶余饭后的谈资，而很多不正常的现象在他们眼里变成常态。很多人是为了名和利做好事，志愿活动还未开始，就提前通知电视台、报社做好采访的准备，于是凡是做好事都要照相、录像、发报道。这种“炒作”越来越遭到大众的鄙视。

天津有位老人叫白芳礼，连续十多年靠蹬三轮的收入帮助300多名寒门学子实现上学的梦想，他说过一句话，“我什么都没干，又让别人重视了”。后来在一片喧闹声中，老人静静地走了。这位来自民间的老人，感动了中国。

老话说，做好事，积阴德，也是一个人为人的本分所在。

【原典】仁言不如仁心之诚，利近不如利远之博，仁言或失于口惠，利近或几于姑息。

【释评】讲几句仁爱之言，不如有一颗仁爱之心，让人得到一点眼前小利，不如使其得到长远利益。有时嘴上说的好听而实际却难以做到，有时让人得到一点眼前小利却有纵容他人私心之嫌。

宋代丞相魏国公韩琦是个很有意思的人。他有两个价值连城的玉杯，很漂亮。朋友来了免不了要拿出宝贝让人开开眼。一个朋友却在观赏的时候把两个玉杯全打碎了，因此十分害怕。韩琦笑笑说，所有的东西都有自己的命运，好坏不由人。可见，韩琦是个很能看得开，也看得很远的人，如果他大发雷霆也无可厚非，不过他失去的就不仅仅是玉杯，还有一个朋友，而一笑了之反而为他赢得了好名声。

更有意思的是，有个小偷走投无路来行窃，韩琦让他随便偷；小偷说要砍他的头献给敌国，他把脖子伸出来；后来小偷说我听说你气量大，只是来试探一下，我偷你东西的事情你别告诉别人，韩琦果真没说。后来小偷犯罪被抓，判的死刑，他担心自己死后韩琦的德行不为人所知，主动对别人说出了韩琦的大人大量。连小偷都能被感化，韩琦的心胸和人品可见一斑。

【原典】智大心劳者，狂；力小任重者，踣。

【释评】过于劳心者容易心生狂妄，过于劳力者容易跌倒。

聪明固然是一件好事，无论是爸妈给的，还是后天自己学的，有个灵光的脑瓜都是人们的追求。但是，很多聪明的人最后变得不聪明，平庸了，就像伤仲永的故事，小时候是天才，出口成诗，长大后平淡无奇，这便是环境的影响。

南朝有个大文学家叫江淹，他的一句“黯然销魂者，唯别而已矣!”让多少人都黯然销魂了。不过江淹出了名之后，就慢慢变得平庸。江淹年长后，写的文章远不如从前，据说后来他拿起笔来居然许久不能发挥，即便写出来了，文章也平淡得就像一锅清汤。有人就说，江淹的五色笔本不属于他，而是一个叫郭璞的人借给他的，那个人把笔要回去了，江淹便写不出好文章了。于是便有了成语“江郎才尽”。江淹年轻的时候就有才名，心里有些满足，做官之后，春风得意，更是无需练笔，加之公务繁忙，于是文学便丢在了一边。可见，聪明如果不培养下去，这种聪明不会持续多久。

对于自己不能胜任的事情，有自知之明的人都会选择不接受。而往往就有那种不自知的人非要表现出自己非同寻常的勇气。马谡跟战国时候纸上谈兵的赵括十分相似，熟读兵法却没有打仗的经验，心里还孤高

後已

攫金於市者欲心勝而不知有羞惡求珠於淵者利心專而不顧其沉溺

晝之所為夜必思之有善則樂有過則懼君子人也晝之所為夜不敢思行險蹈禍以苟僥倖其小人之徒歟

沽虛譽於小人不若受之於天遺貨財於子孫不若周人之急

私心勝者可以滅公為己重者不知利物

自傲，瞧不起任何权威。马谡守不了街亭，却非要显摆自己，打乱诸葛亮的计划，结果导致街亭失守，蜀国失去了重要据点。诸葛亮按照军法处置，挥泪斩了马谡。做自己不胜任的事，就像在悬崖上跳舞一样危险，稍不小心便粉身碎骨，马谡就是这样的例子。

【原典】知过之为过者，恐惧不敢为。不知过之为过者，杀身而后已。

【释评】懂得过错的人，心有恐惧而不会做；而不懂过错的人，只有在吃亏后才会停止。

过错意味着惩罚。人因为心存恐惧，所以才不会为所欲为。有人说，7 岁的小男孩是地球上最可怕的生物，他们有好奇心、行动力、破坏力。即便如此，无论多么不懂事，看似无法无天的小皇帝也会有所顾忌，也会害怕因为过错而挨打。如果说不知过而为之尚且可以原谅，那么明知故犯就是咎由自取了。大多数人没有先见之明，做一件事的时候不知道会产生什么样的影响，也无法预料事情的发展走向，这就需要在做决定的时候进行一个客观评估，是就此打住还是一往直前。有时候即使所有人都反对，有些人仍旧要一意孤行，大多数人的背后或许隐藏着“真理依然掌握在少数人手里”，而这时你就站在了大多数人的对面。

【原典】攫金于市者，欲心胜而不知有羞恶；求珠于渊者，利心专而不顾其沉溺。

【释评】从市场获取财富的人，对金钱的欲望很强烈而不知道廉耻罪恶。从深渊里捞珍珠的人，求利心切而不管自己面临淹死的危险。这句话表明被金钱财富迷惑的人为了满足欲望会不顾廉耻，不怕危险。

汉灵帝刘宏据说是历史上最贪婪的皇帝，虽然贵为天子，所谓“普天之下，莫非王土”，但他却认为这不是实实在在的财富，整日不思治国，绞尽脑汁想办法发财致富。灵帝身边有两个宦官，一个叫张让，一个叫赵忠，他们自认聪明，让刘宏在全国范围内抽地亩税，每亩地抽10钱，这样财源就会滚滚而来。刘宏一听，顿时乐开了花，这笔生意一不需要成本，也不需要投资，拿着算盘等着收钱就可以了。两个宦官得到了他由衷赞许。最让人无法理解的是，天下最不愁吃穿的皇帝迷上了挣钱，而且无所不用其极，拼命从老百姓身上搜刮油水。

面对白花花的银子，一旦动心，就想动手。当两只眼睛只剩下钱的时候，还能看得清什么呢?

【原典】昼之所为，夜必思之，有善则乐，有过则惧，君子人也。昼之所为，夜不敢思，行险蹈祸，以苟侥幸，其小人之徒欤!

【释评】白天做的事晚上一定要反思，做好事就高兴，有过错就感到害怕，这是君子的作为。白天做的事晚上却不敢反思，做坏事有祸患，还想侥幸逃脱，这是小人的作为。

善于反省，就等于将自己犯过的错挂在心灵的墙上，能时时提醒自己，完善自己；而不反省的人，在哪儿跌倒，下一次仍然在同样的位置犯错。

法国牧师纳德·兰塞姆去世后，安葬在圣保罗大教堂，在墓碑上工工整整地刻着他的手迹："假如时光可以倒流，世界上将有一半的人可以成为伟人。"有一位智者在解读兰塞姆手迹时说："如果每个人都能把反省提前几十年，便有50%的人可能让自己成为一个了不起的人。"善于反省，才能让自己不断地走向优秀。

曹操断发的故事众所周知。据说曹操带领军队路过麦田，对部下说：不准践踏庄稼，违者斩。可后来曹操的马却受惊冲进了麦田，曹操说："如果我自己立法却犯法，怎么来号令三军呢?可我是将军，不能被杀，就让我自罚吧!"说完用剑削下了一缕头发，随从士兵肃然起敬。可见，即便是奸雄，也是善于反思自己的。

由此可见，善于反思，勇于反省，会赢得别人的原谅和尊重。聪明的人不是不犯错，而是会反思，迅速纠正错误。所以，反思的好处就是：有过则改，无则加勉。

【原典】沽虚誉于小人，不若受之于天；遗货财于子孙，不若周人之急。

【释评】从小人那里获取表面的赞誉，还不如等候上天的安排；把财富留给子孙倒不如帮助别人以救急。

小人的杀手锏便是花言巧语，凭着三寸不烂之舌，获取自己想要的利益。反倒是良药苦口，忠言逆耳。身边总有一些人说你“棒极了”，也有一些人说“糟糕透了”，但在我们内心，一定要有一杆秤，称得出轻重，辨得出好歹。

五祖弘忍有弟子千人，其中佼佼者如神秀，神秀有诗：“身是菩提树，心如明镜台。时时勤拂拭，莫使惹尘埃。”慧能也做了一首：“菩提本无树，明镜亦非台。本来无一物，何处染尘埃。”五祖慧眼识珠，最终偷偷把自己的衣钵传授给自幼家贫不识字的岭南人，又是个猫獠种的六祖慧能，向慧能讲授《金刚经》和禅宗顿悟之法，六祖最终不负所托，创立禅宗，将佛法发扬光大。所谓衣钵不是庙宇宫殿，不是功德箱里的金银珠宝。真正的继承，不是把财产占有，而是懂得用财之道；不是物质，而是精神。

人生最可贵的不是锦上添花，而是雪中送炭。在危难时刻帮人家一把，这时我们自己也会得到快乐。

【原典】私心胜者，可以灭公；为己重者，不知利物。

【释评】私心强的人会牺牲公众的利益成全自己，把自己看得太重的人，不知道去做有益别人的事。

自私自利的人，凡事把自己的利益放在首位，这样的人虽然不会对社会有很大的坏处，可也绝没有好处。

自私的人不喜欢付出，或许没什么大错，可是不能侵犯别人的利益，伤害他人的感情。对普通人来说，我们可以不崇高，但是不能允许无耻。说到底，人生境界不同，有的人在山脚，就甘于永远仰望山顶，不愿努力。有的人因为看得高远，所以想飞得更高，走得更远，两种人可谓云泥之别。我们这个民族从来都尊崇无私奉献的人，上古时期传说的大禹治水三过家门而不入，直到当代雷锋传人郭明义，家中一贫如洗却资助了 180 名寒门学子。这些无私的人，他们都很有爱心。

【原典】不欺、不吝、不隘、不强者，可与人为徒。

【释评】不欺骗、不小气、不狭隘、不强人所难的人，可以交往。

“与善人交，如入芝兰之室，久而不闻其香；与不善人交，如入鲍鱼之肆，久而不闻其臭”，这是古人对交朋友的总结，意思是一个人容易受身边朋友潜移默化的影响，无形之中就会变好或者变坏。所以说，交朋友要有所选择。

当乔峰姓乔的时候，也就是别人不知道他是契丹后裔，他当乞丐帮帮主期间，丐帮里的人都依附于他，“北乔峰”的美名让他名闻天下，身边聚集了一帮穷兄弟，他为了帮这些人讨饭也付出了很多。当乔峰是契丹后裔的事情被曝光，天下人群起而攻之的时候，昔日丐帮的一些兄弟不顾救命之恩，转而成为他的敌人。当他陷入中原武林围攻的时候，段誉和虚竹站了出来，上演了一场三兄弟少林寺聚会，感人至深。所谓真朋友，也唯有在遇难之际方能见分晓。

人际交往要有所选择，稍有不当可能受害不浅，有的人泛泛之交即可。骗人的朋友不能交，小气的不能交，度量小的朋友不能交，强人所难的就更不值得交往了。

【原典】礼义廉耻可以律己，不可以绳人。律己则寡过，绳人则寡合，寡合则非涉世之道，是故君子责己，小人责人。

【释评】礼义廉耻可以用来要求自己，不可以用来约束别人。以此要求自己就少犯错，约束别人就少有人可以来往。为人处世，自然不能不同别人来往，所以说君子懂得律己，而小人喜欢苛责别人。

同样一个标准，用途却往往不同，有人用来提升自己，有人用来苛责别人。即使自己一无是处也喜欢指责别人，就好比一个头上长满疮自己看不见的人，指着别人的伤口嘲笑别人。最佳的态度是严于律己，宽以待人。律己是为了提升，宽容是为了给别人改正的机会。《圣经》里有句话说：“你们愿意人怎样待你们，你们也要怎样待人。”

法国思想家卢梭有一本自传——《忏悔录》，在书的开端他写道：“这是世界上绝无仅有、也许永远不会再有的一幅完全依照本来面目和全部事实描绘出来的人像。”卢梭用近乎自虐的方式剖析自己的心灵，进行了最彻底的检讨。圣人云：吾日三省吾身。

动画片《蜡笔小新》中的上幼儿园的小新在父母在面前精明，还会动一点坏心眼，这种精明和坏是在长期与凶妈妈、懒爸爸的生活中历练出来的。小新的父母做不到严格要求自己，却高标准要求孩子，于是形成了斗智斗勇的一家子，而且通常胜利的只是一个几岁的孩子。

凡事不从别人身上找原因，而先要反问自己。这种对自己暂时的残忍实际上是对未来人生的宽容。

【原典】德有余而为不足者谦；财有余而为不足者鄙。

【释评】德行高尚还努力去弥补不足的人，可称得上是谦逊；钱财富足还去损害不富裕之人，可谓卑鄙。

有的人因为身在井底，所以他的世界就是一个井口；有的人因为处在平原，他的世界就是一片平原；有的人因为拥有一个地球仪，所以眼里就是整个世界。德行越高越能看到自己的不足，就越想见贤思齐，达到更高的水平。孔子不喜欢吹牛的孩子，他喜欢那种嘴笨但是手快的学生，这样的孩子善于改变自己。而在作为方面则稍显不足，从历史上看，圣人似乎都是说得比做得多，孔子、孟子不像苏秦张仪那样搞串联，他们的精力都放在观察思考、著书立说上。因为他们的高瞻远瞩，所以都是一副不耻下问的谦卑样子。

【原典】愚胜智，拙胜巧，讷胜辩，知此者，全身。昧此者，蹈祸。

【释评】憨厚可以战胜聪明，笨拙可以战胜灵巧，笨嘴拙舌可以战胜能言善辨，知道这个道理的人，能够保全自己；无视这些道理的人，是会闯祸的。

老子说："大智若愚，大巧若拙，大辩若讷。"那些看上去很傻的人，脑子里或许全是智慧。所以说真正有本事的人不显山，不露水，更不会像借尾巴展示美丽的孔雀一样炫耀自己的本事，真正聪明的人他们跳出俗世，即便身处闹市，依然可称得上是世外高人。

有一种生活态度叫低调。三国时期曹操有个才思敏捷、机制灵巧的谋士叫杨修，他官居主簿，相当于曹操的秘书。曹操建了个花园，落成时去转了转，却没有讲话，只在门上题了个字——"活"。工匠看着曹操好像不高兴，也不知道什么意思，跑去请教杨修。杨修说，门里一个"活"字，就是个"阔"字，他嫌你们把门建得太宽了。于是众人夸奖杨修聪明，把好端端的一个大门拆了重建。曹操回来验收工程的时候，发现门果然变窄，本来想要要聪明不想被人识破，听说是杨修领会了自己的意图，表面大喜，内心嫉妒。后来，得了疑心症的曹操怕睡着后遭人暗杀，竟编出他睡着后会梦游杀人的把戏，而且把给他盖被子的近侍给杀了，别人都相信或者表面相信了，杨修看穿他的把戏而且说了出来。后来，曹操找了个借口杀掉了杨修。

杨修固然聪明，而真正的大智慧是不需要表现出来的。一时风光的是他，死得冤的也是他。

【原典】合天地者，或不能周人情；图近利者，必知其无远虑。

【释评】合乎天地大道的人，有时候不能照顾到人情；只顾眼前利益的人，没有什么远见。

春秋时期卫庄公的爱妾生了个儿子叫州吁，由于庄公的宠爱，州吁无法无天，整天舞刀弄棒，不把人放在眼里。大夫石存的儿子叫石厚，和州吁脾气相投。庄公死了之后，公子完即位成为卫桓公。后来卫桓公去洛邑拜访周王的时候，州吁和石厚联手夺了皇位。因为动作太快，时机不对，没有有分量的人替他们出来说话。石厚跑去找早已退休的父亲石存来帮忙，石存建议他们去投奔陈桓公，实际上石存协助陈桓公抓住了造反的州吁和石厚。陈桓公询问石存如何处置，石存说对这些不忠不孝的人直接杀了就可。于是，杀了二人。

人们把石存的这种行为叫做“大义灭亲”。看起来石存恪守道义，实际上却不合乎人情。虽然他赢得了名声，却也失去了儿子。

另外，只看到眼前利益的人是没有远见的。孔子带着一班子学生到处演讲，宣传儒家仁和思想，但收获甚微。孔子说“天下有道，丘不与易也”，意思是天下太平，我孔丘何必多管闲事；反过来天下不太平，我一定要管。孔子说这句话是因为有个隐士对他的学生子路说：“现在普天之下到处都是洪水泛滥，谁能改变？你们又和谁一起去改变？与其像孔子那样避人，还不如避世。”避人就是拒绝与那些坏人为伍，避世则是拒绝与坏风气同流合污。

由此可见，以孔子为代表的儒家是积极入世的，坚信可以改变社会，但在当时并未给社会带来显著变化，可是后来，儒家的学说却成了中国古代两千年来最核心的思想。所以，世事纷纭，切莫只看到脚下三尺之地，所谓“莫道昆明池水浅，风物还宜放眼量”啊！

【原典】块土不能障狂澜，匹夫不能振颓俗。

【释评】土块无法抵挡大的波澜，个人无力改变坏的风气。

常言说：单丝不成线，孤树不成林。可见一个人的力量是有限的，所以我们要干成一件大事，必须懂得与人合作，找到志同道合的朋友才行。

王安石留给后人最重要的事迹，大概就是帮助宋神宗变法革新了。他的初衷很好，就是要改变大宋朝长期积贫积弱的面貌，富国强兵。但由于性格的原因，虽然他一心为国，殚精竭虑，可没有同声相应、同气相求的人相助，就连苏轼这样济世为民的君子，也不是他团结的对象，因此改革就成了王安石一个人的独角戏，不到 4 年，一场声势浩大的改革悲壮落幕，王安石也黯然下野，淡出了历史的舞台。

还是刘邦深谙其中的奥妙，他说：“运筹帷幄之中，决胜千里之外，我不如张良；定国安邦、安抚百姓、供应军需、保证粮道畅通，我不如萧何；统领百万大军，战必胜，攻必克，我不如韩信。这三个人，都是精英的精英。但是我会使用他们，这就是我夺取天下的资本。”

很多人智商并不低，但情商却不高，所以他不是输在能力上，而是被性格、自负、眼里没人等非能力因素打倒。大凡成功人士，其成功的法则没什么特别的，就在于自知和知人，不做孤单的英雄。

【原典】苏张通六国，而皆合。孔孟走天下，而不遇。易进难入，王、霸之道，岂止如霄壤。

【释评】苏秦张仪游说六国，都遇到重用自己的人。孔子和孟子游走天下，却无法找到信任自己的君主。可见容易的一般能听进去，高深的就很难普及了，王道和霸道，有天壤之别。

苏秦张仪游走六国之间，六国最终还是为秦国所灭；孔子和孟子流浪人间，虽然没有一个君王肯接受他们的思想，却一直影响了华夏文明。这二者的差别是苏秦张仪行走四方，推行的是霸道之术，就是用武力来征服天下；而孔孟往来于朝堂之间，恰恰与之相反，推行的是王道之术，以理服人。

用霸道之术对待敌人，在厮杀的乱世，只有武力决定一切，但是打江山容易，坐江山难，建立王朝之后如果不思改变，国家自然难以为继，对待百姓需要施之以王道之术。秦国在变法之后强大起来，秦始皇多少雄才武略用霸道之术最终统一六国，可好端端的一个秦王朝到了二世手里没几年就灭亡了。秦国落到了刘邦手里，刘邦很聪明，注意用王道收买人心，又抓住时机用武力打败了杀戮心很重的项羽。项羽曾经坑杀了20万秦军俘虏，残暴至极，所以项羽成也霸道，败也霸道。

【原典】陶渊明无功德以及人，而名节与古忠臣义士等。何耶？岂颜氏子以退为进、宁武子愚不可及之徒欤！

【释评】陶渊明没有什么功德泽及后人，名节却和古代的忠臣义士一样。为什么呢？难道他真的做到像颜回那样以退为进、宁武子那样愚不可及了吗？

颜回要算孔子最出息的一个弟子，人们称孔子为“至圣”，称颜回为“复圣”。颜回很低调，学习又刻苦，住在破巷子上的破房子里，他一生都在实践孔子的思想，凡事都以退为进。

宁武子是春秋时期卫国大夫，在国家太平的时候就跑出来当官，全心全意为人民服务；等到社会黑暗的时候开始演戏，装糊涂，躲藏起来。表面上他是一个废人，实际上他暗地里为国家做了很多事。孔子评价他“愚不可及”，因为宁武子的聪明很多人都可以达到，但是他的这种愚笨别人却赶不上。

而陶渊明的特点就是他以自己的人生、诗歌、生活方式创造的一个全新的世界——这个世界远离喧嚣，与挣多少钱没关系，与职位高低没关系，就是怡然自得，自娱自乐的一种生活态度。

【原典】巧辩者，与道多悖；拙讷者，涉世必疏。宁疏于世，不可悖于道。

【释评】诡辩是人常常违背道义，拙于言辞者多涉世不深。而君子宁愿远离尘世也不会违背道义。

一个人能言善辩，讲话很动听，我们称之为巧舌如簧。花言巧语固然可以满足某些人的虚荣心，但却华而不实。孔子说：“巧言令色，鲜矣仁。”孔老夫子对满脸堆笑，能说会道的人相当讨厌，认为他们很少有仁德的。花言巧语的目的是心怀鬼胎，能言善辩发挥一下便是强词夺理，能把白的说成黑的，丑的说成美的。

狐狸和乌鸦的故事人所共知，第一次乌鸦叼着一块肉的时候，狐狸是用花言巧语赞美乌鸦，乌鸦开心之下痛失一块肉；第二次尽管乌鸦早有防备，却耐不住狐狸的破口大骂，在还口的时候肉掉了，狐狸又得逞了。

狐狸和乌鸦还有第三次交锋，乌鸦嘴里叼着肉主动站在树上显摆，狐狸故伎重演，乌鸦又还口了，不过这一次狐狸却死掉了——因为乌鸦叼着的肉是猎人用来捕食恶狼的有毒的肉。

说得多的人通常做得少，他们深谙别人的心理，三寸不烂之舌能把世界说得天花乱坠，而那些不善言辞的人，因为不懂人情世故，不去巴结别人，为人往往忠厚老实。

【原典】华藻见于外者，谓之文。今古积于中者，谓之学。苟见道不明，用心不正，徒只以文过饰非，所以在德行、言语、政事之下。

【释评】华丽的言辞表现出来，叫文采。古往今来的知识藏在心里，叫学问。如果大道不明，心术不正，只会文过饰非，那只能排在德行、言语、政事的后面，最为下等。

有的人，他们内心像他们文章传递的思想一样美丽，我们称之为文如其人。也有一种人，他们内心的阴暗和文章传递的明快的思想截然相反，法国的思想家卢梭便是如此。

卢梭小时候，命运坎坷，经历波折。后来，华伦夫人的出现改变了卢梭的命运。她给了卢梭母亲般的照顾，曾两次从死神面前把卢梭拯救回来。但华伦夫人晚年却贫困交加，两次向卢梭求救他都置之不理，以致华伦夫人最终饿死。此外卢梭对瓦瑟的态度也很极端，瓦瑟是卢梭的仆人，也是他的情妇，她给卢梭生了5个孩子，卢梭却把所有的孩子都强行送往孤儿院，他甚至允许朋友玩弄瓦瑟。

然而卢梭却是一个启蒙思想家、哲学家，还是教育家，他提倡“回归自然”，强调人性本善，他独白式的浪漫文字动人心弦，但是把书合上，看到站在人群里的卢梭却是那么卑微。卢梭有一部著作《忏悔录》。其实，如果没有罪过，又何须忏悔。即便卢梭临死前有悔改之心，但对于那些伤害过的人而言也已经为时已晚。

【原典】求师问友，急于教子弟者，始于章句。中于文彩，终于科第。所谓入孝出悌，泛爱亲仁，则瞢然如冥行，岂不违吾宣圣之言乎？

【释评】求师问友，急着教授子弟的人，开始于章句注释，目的是写文章有文采，最终是为了科举中第。他们能做到在家孝敬父母，出门爱护兄弟，将爱心仁义广播天下，但他们的行为如同懵懂地在黑夜行走一样，违背了圣人的良苦用心。

读书本是一件高雅的学习。但现在市场上有些书目，内容太浮夸了。“如何迅速致富”“如何发财”“如何成为亿万富翁”等，好像大家看书就是为了发财。古人曾说“书中自有黄金屋，书中自有颜如玉，书中自有千钟粟”，“黄金屋”指代荣华富贵的生活，“颜如玉”指代美貌的女子。它们是一朝金榜题名出人头地后最具代表性的收获，这里也就代指出人头地。古代许多读书人读书的目的求的就是一个出人头地。所以人们也就常用这句话鼓励别人或子女读书。

其实，读书本是个看似利己，实则利人的事，故有贤者云：“读书本是性情事，何可寸功利尺量。”

【原典】人性如水，曲直方圆随所寓，善恶邪正随所习。富贵声色皆就下，不劳习者也。若非见善明，用心刚，强忍力行，则决堤坏防，不流荡者几希。

【释评】人性就像水一样，曲直方圆随着他所停留的地方，善恶邪正随着他所学来的东西，富贵声色则只会顺势而下，不用学就会了。如果不是内心刚毅，坚韧力行，就会像大坝决口一样，不四处泛滥的太少了。

水在平坦的地方缓缓流动如镜，在山谷中则会淙淙成为激流。人性如水，在平静的路上或许风平浪静，一旦遇到沟壑丘陵就会泛滥成河。

人性虽如水，控制得当也不会肆意流淌。防止食物变坏就是把它放在冰箱冷冻起来，总不能把人也放进冰箱。然而，坚韧的意志，良好的辨别能力就是保持好新鲜人性的冰箱，面对诱惑依然能够不为所动才是高尚品格。

【原典】责越人以鞍马，强胡人以舟楫，其犹询民瘼于贵游，索宝玩于寒士，艰哉！

【释评】让南方人骑马，强迫北方人划船，那就如同像有钱人询问民间疾苦，向穷人索要珍奇宝贝一样。方向错了很难成功。

生活中很多事，选择了错误的方向，就好比问道于盲，缘木求鱼，无法成功。人生道路的选择也是如此。

有一个人，他没有上过大学，但是他满腹学识；19 岁的时候，他的父亲去世，那时候他就已经有了徒步走遍中国的理想；在他 22 岁的时候，戴上母亲给他做的“远游冠”外出旅行；在没有任何资助的情况下，他用 30 多年徒步游遍几乎整个中国；他热爱科学，喜欢研究自然地貌、风俗人情，他曾对石灰岩地貌进行了科学考察，他根据自己的传奇经历出版了 40 多万字的中国最有名的游记，被人称为“奇书”。他就是徐霞客。

在明代，以致整个封建社会，徐霞客都是一个另类的人物，他改变了中国传统知识分子在人们心中刻板迂腐的形象。但是在他 15 岁的时候，参加童子试没有考取，他自己也无意功名，喜欢地理，游历名山大川对他而言远远超过功名利禄的诱惑，而他的父亲也不勉强，母亲也支持他外出旅游。在人生的选择上，如果按照世俗的看法，自然求取功名是首要的，但是对于徐霞客而言，他比别人有了更多的选择。假如徐霞客皓首穷经，辛勤苦读，最终或许也只是一个小吏，何来明代的背包客，又何来《徐霞客游记》。

方向对了，迈开大步向前冲，成功就在不远处。如果方向错了，停下来就是进步。

【原典】用不节，财何以丰？民不苏，国何以足？

【释评】不节源开支，财富怎么才能丰富起来？老百姓不经过休养生息，国家怎么能富足？

积累财富，需要节省。古代的很多皇帝都是花钱的好手，他们一般不是开国的皇帝，所以不知道创业的艰辛；他们从小锦衣玉食，得到皇位也相对比较容易；都喜欢排场，好大喜功；经过前代的治理，国家有点儿余钱供他们挥霍。

秦始皇为了抵御匈奴的侵略，计划修长城，一不小心就创造了一个世界奇迹；隋炀帝为了北方人吃到南方的大米，挖了一条世界上最长的运河；明朝朱棣把他父亲朱元璋创业时候“深挖洞，广积粮”的老话忘得一干二净，为了耀武扬威，让郑和 7 次下南洋。

有会花钱的，就有会挣钱的。比如汉朝的文帝、景帝，都是很会挣钱的皇帝，他们不光指挥别人要劳动，而且自己也下地干活，做好榜样；他们不乱花钱，但是却给后代留下挥霍的资本。

【原典】君容而断，臣恪而忠，父严而慈，子孝而敬，兄爱而训，弟恭而劳，夫和而庄，妇贞而顺，人伦之道，尽矣！

【释评】当君王的要宽容而决断，做大臣的要恪守职责而忠诚，当父亲的要严格慈爱，做儿子的要孝顺而恭敬，当兄长的要友爱而不失教诲，当弟弟的要恭顺勤快，做丈夫的要和顺庄重，当妻子的要守贞顺从，人伦之道，全在这里了！

齐景公向孔子询问如何治理好国家，孔子只说了八个字：“君君，臣臣，父父，子子。”齐景公赞美说：“说得好！如果君不像君，臣不像臣，父不像父，子不像子，虽然有粮食，我能吃得上吗?”

确实，如果把社会当成一个大舞台，每个成员都是其中一个演员，都有特定的角色，领导要起带头作用，父母要尽到养育的责任，子女要孝顺，兄弟姐妹要友爱。只有如此，人生这场戏才能演出成功。

所以，和谐社会的构建，一个重要目标就是使每个人各安其位，各司其职，各得其所，从而自我实现。而要做到这些，其中的要义，其实古代的识字课本《三字经》早就告诉了我们：“父子恩，夫妇从，兄则友，弟则恭，长幼序，友与朋，君则敬，臣则忠，此十义，人所同。”

【原典】处内以睦，处外以义，检身以正，交际以诚，行己之道至矣。

【释评】在家里要和睦，在外面要信守道义，时时检查自己的做人，和别人交往要真诚，做人做到这样就足够了。

家是人身心的栖息地，和谐温馨应该是它的主色调。而营造这样一个气氛，需要家庭成员彼此爱的付出和善的经营。鲁迅给妻子许广平的诗说："十年携手共艰危，以沫相濡亦可哀。聊借画图怡倦眼，此中甘苦两心知。"夫妻两心相知，在困境中同舟共济，在顺境中比翼齐飞，一切困难和矛盾都会迎刃而解，这样的深情才是家所需要的。相信一个爱家的人，他的生活也一定是美满的。

这样的人来到社会上，他就能推广他的善念和爱心，行事有义，交友有诚，为人以正，从而完成了自己，让自己走向了圆满。

因此，古人的传统观点，"首孝悌，次见闻"，认为一个人要先有德行，然后再去学知识、做事。古代的贤人高士，凡是在历史上有所成就的，大多数都是德行很高的人，周公、伯夷、叔齐、孔子等等都是如此。汉代选人叫"举孝廉"，历代贤主明君也非常看重臣子的德行，因为他们明白，品行好的人也许不会做事，但起码不会故意坏事，而一个品行差的人，却可以坏很多的事。

一个品行高洁的君子，其特征就是在家里与亲人相濡以沫，和睦相处；在外面，要坚持道义原则，维持公平正义，与人交往坦诚相待。同时还能经常反思自己，审视自己的肩膀正不正。

【原典】饱藜苋者鄙膏粱，乐贫贱者薄富贵，安义命者轻死生，远是非者恶臧否。

【释评】吃惯了野菜的人看不上美味佳肴，以贫贱为乐的人轻视富贵，安于道义的人轻视生死，远离是非的人憎恶对他人的褒贬。

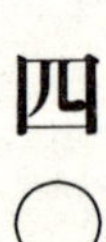

唐朝宰相卢怀慎，因其为人正直，他的家很是简陋，说是宰相府都没有人相信，而且在当官之后，他的妻子儿女经常忍饥挨饿。说起来唐朝的国力应该是当时世界上最强大的，不应该有什么衣食之忧。究其根源，其实是他经常周济那些穷人。

卢宰相出差的时候，连随身的衣物都没有一件。后来生病，宋璟和卢从愿去探望。到了门口一看，卢家连个门帘也没有，遇到刮风下雨只能拿个破席子挡一下。而生了重病的卢怀慎凄惨地躺在一张竹席上。中午留客人吃饭，端上来的只有两瓦盆蒸豆和几根青菜，此外什么也没有。后来卢怀慎病死，安葬的时候，因为他平时没有积蓄，只好叫一个老仆人做了一锅粥给帮助办理丧事的人吃。

身为宰相，卢怀慎把廉洁自律做到了极致，普通人自然不需像他那样，但起码也要拒绝不义之财，即使生活困顿也能够做到安贫乐道。庆幸的是，一代廉相，死后终于算是享受到了生前所没有的礼遇荣耀。

【原典】不欺暗室者，肯自欺于心乎？不愧屋漏者，肯有愧于人乎？不欺于心，无愧于人，庶几可以希君子。

【释评】躲在暗处做坏事，但能欺骗得了自己的心吗？身在暗处不做坏事，在人面前何必羞愧？不欺骗自己的心，人前人后都不做坏事，大概可以算是君子了。

一个人心地坦诚，无论何时都会问心无愧。北宋有个婉约派词人晏殊，小时候聪敏而好学，5岁能诗，有“神童”的称号。他14岁的时候，有人把他作为神童推荐给皇帝，皇帝召见他之后让他和1000多名进士参加考试，结果他发现考试题目刚好做过，于是说明，请求更换题目。皇帝被他的坦诚打动，赐予“同进士出身”。

晏殊当官时，天下太平，四海安宁。首都的官员都喜欢去郊外野炊聚会，或者去城里的酒楼喝酒听歌。晏殊苦于囊中羞涩，没钱出去玩儿，于是忍着悲痛跟弟兄们在家读书。后来皇帝升他做辅佐太子读书的东宫官。大臣们纷纷不满，晏殊年纪轻轻就当太子的老师，实在无法理解。皇帝说：近来群臣经常游玩饮宴，只有晏殊闭门读书，如此自重谨慎，正是东宫官合适的人选。晏殊的答话很不给皇帝面子：我也喜欢出去郊游聚会，只是家贫没钱而已，所以在家读书，要是有钱我也去了。这样的坦诚，恐怕只有晏殊才能做到。他始终认为，当一份荣耀并不属于自己的时候，就应该说出来。这才是最大的问心无愧啊！

【原典】外重者内轻，故保富贵而丧名节；内重者外轻，故守道义而乐贫贱。

【释评】看重钱财的人轻视内心修养，为了富贵可以丧失名声节操；看重内心修养的人轻视钱财，为了道义宁愿固守贫穷低微的生活。

魏晋时期闻名古今的文人便是“竹林七贤”，其中包括嵇康和山涛。当时政局混乱，个人命运常常掌控在别人手上，七贤沉浸在读书游乐之中，但在政治上七贤还是比较倾向于支持曹魏政权。后来司马氏日兴，曹魏日衰，七贤也逐渐分化。首先望风使舵的是山涛，他觉得自己要排错队就会惹来杀身之祸，投靠司马氏做了官，随即拉拢嵇康进入司马家，而嵇康认为这违背自己的做人原则和道义，并要与山涛绝交。后来，嵇康被司马氏处死。

可见，在君子眼里，头可断，血可流，道义不能乱。富贵与功名，过眼云烟，转瞬即逝，唯有一种东西是永恒的，那就是道义。即便君子爱财，也要取之以道。人人都说神仙好，功名富贵忘不了。正是因为庸庸碌碌的众生熙熙攘攘，追名逐利，所以安贫乐道者才那么闪亮。

【原典】爱亲者，保其身；爱君者，轻其位。

【释评】爱父母的人，会注意自己的身体，爱国君的人不会重视自己的地位。

一个孩子，不管他是美丑，也不论他是否残疾，在父母那里都是珍宝——捧在手里怕掉了，含在口里怕化了。孩子的一丝伤害在父母那里都是双倍的。对于有的父母而言，孩子平安无事地成长就是最大的福报，所以为人子女的还有什么理由不好好爱惜自己，让父母少操心的呢?

人们除了要做到爱父母之外，还要有一种大爱，正如范仲淹在《岳阳楼记》中说“居庙堂之高则忧其民，处江湖之远则忧其君”。他们崇尚读书、做官、立德、立言，虽然也有琴棋书画诗酒花，可是如果被这种东西诱惑就会被人斥为纨绔，无法立足。即使仕途不顺，无论是被流放，还是遭贬谪，他们都不会放弃对于国家的那份感情。所谓个人荣辱，都是身后事。

【原典】饱肥甘、衣轻暖，不知节者损福；广积聚、骄富贵，不知止者杀身。

【释评】以肥腻甘甜的食物为饱，以轻暖的绸缎为衣，不知守节的会损伤福分；积累很多的财富，以富贵骄人，不懂停止者会遭杀身。

人会迷路，心也会走失。现代人吃得好、营养过剩、活动量减少，于是得了千奇百怪的富贵病。因为热衷于商品的种类，从而开始了攀比，比车、比房子、比奢侈品，在盲目的攀比中就找不到自己想要的了。

【原典】穷不易操，达不患失，非见善明，用心刚者不能。

【释评】困顿的时候不改变操守，顺境中不害怕失去已有的东西，非觉悟高、意志坚定的人不能做到。

儒家君子的人生：达则兼济天下，穷则独善其身。因为在君子的心中有一个恒久不变的家国天下的观念，这是人生的准则，不以个人境遇的变化而发生变化。

《幽窗小记》中说得好："宠辱不惊，看庭前花开花落；去留无意，望天上云卷云舒。"

商朝末年孤竹国的伯夷和叔齐，两人知趣相投，论为知己。商朝灭亡后，他们选择了做隐士。但在当时，对他们而言，实属无奈，他们反对周武王革命，却无力抵挡周朝的浩荡大军。于是只好隐居首阳山，宁愿忍饥挨饿也不食周粟。后来在山上饿死了。

这种原始的爱国情感一直持续到现在，民国时期作家朱自清不吃美国的救济粮也是一例。但有的人就像变色龙，周围的环境变了，身上的颜色也变了，没有原则就是他们为人处世的最大原则。

【原典】身之中有小疾痛，则医卜杂进，愈而后已。殊不知烹宰物，命以快口腹，岂不甚于己之疾痛乎？戒之哉！戒之哉！

【释评】身体不舒服，去看医生治病，治好了就不痛了。当猎杀牲畜的时候，虽然满足了自己的食欲，但是动物的疼痛比我们身体的疼痛有过之而无不及。要戒杀生，戒肉。这句话说明古人把自然界的动物和人同等看待，已经深刻意识到尊重自然的必要性。

我们始终关注的是人自身，为了满足自身的欲望，肆意改造着我们生活的环境，万物都为我所用，为了吃鱼翅而杀掉数以万计的鲨鱼，为了开垦农田而毁灭草原，为了满足一时之需而随意引进其他地区的物种造成某些物种的泛滥。人始终相信“人定胜天”，当遭到自然的惩罚的时候，才意识到为时已晚。自然界有自然界的规律，有自然界的生物链，同其他生物一样，人只是食物链条上的一个链条，而并非全部。

澳大利亚的吉利人是澳洲原生态的土著居民，在 18 世纪欧洲人发现新大陆之后，那些吉利人被驱赶到城市和乡镇生活，当原始文明遭遇现代文明的时候，这种碰撞在他们心里留下的伤痛却是无法抚平的。原始人虽然野蛮，但内心却纯洁，他们睁着澄澈的双眼，茫然地在现代文明的汽车尾气中寻找心灵的家园。或许，对于吉利人来说，真正的尊重不是主宰他们，而是给他们想要的生存方式。

佛家说众生平等，同体大悲。每一个生命个体都有自己的尊严，不论是移民还是土著人，抑或自然界的低等动物，这种博爱的思想古已有之。

【原典】人有过失，己必知之；己有过失，岂不自知？喜是非者检人，畏忧患者检身。

【释评】别人有过错了自己都能知道，自己有过失怎可不知？喜欢是非的人总在挑别人的毛病，有忧患意识的人则善于检讨自己。

能够完整认识自己的人善于自查自省，冷静审视自身，他们手里有一面镜子，不光照自己的脸面，还用来照自己的背后。

王安石是宋代散文大家，也是北宋的高官。但他却是一个不爱财不爱官也不爱色的“三不爱官员”，可谓古代标准的模范丈夫。据说这是出于王安石自觉的行为，是他自律的表现。

明代清官于谦也常常反思自己的为人为官。他 60 寿辰那天门口送礼的人络绎不绝，他却一概不收，连皇帝派来小太监也一并打发回去了。同乡好友郑通来贺寿也只是坐下来聊聊天，谈毕后让郑通把礼物带回去。如此不近人情却是他做人的风格，大家也便习以为常。于谦严于自律，办事清廉，人称“于青天”。

有两句话说得很好，一是人贵有自知之明，一是知耻近乎勇。一个人能够认识自己这很可贵，当看到缺点勇于改正就是勇的表现。

【原典】人以巧胜天，天以直胜人。

【释评】人总想以机巧来战胜天，天则一直以正直胜于人。

如果人和自然是两个武士的话，人喜欢自然按照自己的想法运行，而自然也会在一定程度上满足人的要求，这种情形下给人的感觉是自然输给了人；但是如果这种要求不合理的时候，自然就会以直接报复的形式战胜人。如果这样下去，自然遭到破坏，人类也会遇到灾害，二者都会伤痕累累，两败俱伤。

比如臭氧层围绕在地球的外层，算是地球的外套，除了用来阻挡强烈的紫外线，还可以防止空气的流失。当人类排放的气体不断破坏臭氧，导致臭氧层空洞的时候，这个洞大到足够大的时候，地球上的空气会流向无限的宇宙而导致地球上的空气越来越稀薄，当然紫外线的辐射也会带来更多的麻烦。人类可以造宇宙飞船，造航空母舰，却不可能造一个臭氧层那样的罩子把地球蒙起来。

很多天灾人祸的发生都与人类不尊重自然界的法则有关。与其相信 2012 是末日来临的一年，不如遵循自然规律，与自然和谐相处。

【原典】小人诈而巧，似是而非，故人悦之者众；君子诚而拙，似迂而直，故人知之者寡。

【释评】小人奸诈而有心机，心口不一，所以喜欢他的人多。君子为人诚而拙，似乎是迂腐实际是正直，所以理解他的人就少。

小人八面玲珑，左右逢源，内心肮脏却伪装得滴水不露。廉颇是战国晚期赵国名将，与白起、王翦、李牧并称战国“四大名将”。作为一名武将，他南征北战，立下汗马功劳；为人耿直，“负荆请罪”就体现了廉颇勇于改过，真诚率直的性格。

可就是这样一名优秀的国之栋梁，却遭赵王的宠臣郭开陷害。赵国襄王即位后，听信郭开的谗言，解除了廉颇的军职，派乐乘代替。后来廉颇无奈之下，离开赵国投奔魏国大梁，魏王虽收留了廉颇却不重用他。当赵国被秦军围困，束手无策的时候，赵王又想起廉颇，派唐玖去魏国慰问。郭开暗中贿赂唐玖，让他在赵王面前说廉颇的坏话。赵国使者来见廉颇的时候，廉颇一顿饭吃了一斗米，十斤肉，还披上铠甲上马，表示出仍然可以上场杀敌的决心。当赵王问使者“廉颇老矣，尚能饭否”的时候，唐玖说，能吃是能吃，但是一顿饭拉了三次。赵王于是认为廉颇老不中用，不再启用，而廉颇也终于没能得到报效祖国的机会。小人一时得志，而听信小人谗言的赵王也最终自食恶果，赵国迅速为秦国所灭。

小人一无品，二无德，却喜欢玩弄权术，乱动嘴皮。君子虽才学高超，却易遭小人暗算。

【原典】君子小人不并用，如熏莸不同器。用君子则远小人，用小人则害君子。

【释评】君子和小人不能同时任用，如同香草和有异味的草不能放在同一器皿里一样。任用君子就要远离小人，亲近小人无疑会害了君子。

君子和小人截然相反的生活准则和目标决定了两种人像冰与火一样

无法相容。《水浒传》中杨志因脸上有块青色的胎记，所以有绰号“青面兽”。他拜师学艺，好不容易当上官，当时的皇帝徽宗想用奇花异石堆一座万岁山。殿帅府派十个官员去太湖搬运石头，其中九人都押着石头回来了，唯有杨志的船翻了。杨志空手而归，太尉高俅就把杨志赶出殿帅府。

杨志走投无路，花光钱财后在街上叫卖祖传宝刀，泼皮无赖牛二恶人恶相，一出现便吓走了不少良民，他看重宝刀却想吃白食。于是二人斗了起来，无奈之下杨志一刀杀了牛二，为百姓除害，被发配到北京大名府留守司充军。

“君子和而不同”，是指君子能够和别人保持一种和谐友善的关系，而在具体的问题上不必苟同于对方；“小人同而不泰”是指小人在对问题的看法上迎合别人，附和别人，而在内心却并不抱有和谐友善的态度。这种截然相反的态度决定了君子和小人的矛盾。

【原典】舜耕于历山，伊尹耕于莘野，圣贤力田，见于经传。后世以文学明道，其弊至于菽麦不分，岂止不知稼穑艰难也！哀哉！

【释评】大舜在历山耕田，伊尹在莘野耕种，圣贤之人种田的事情，在经传中记载着。后世的人以文献典籍作为明道的手段，其弊端是菽麦不分，难道仅仅是不知道农事的艰难？悲哀啊！

在美国有个大学叫幽泉学院，录取率比哈佛低，每年在全世界范围内只招收二十几名男生，学费生活费全免，同时每年奖励足够的生活费，学制两年，耕种放牧是重要课程。它的校训是“劳动”“学术”。这个学校培养的学生之后一半以上转入世界名校继续就读，他们中一半以上的人都成为博士。

从这样的学校走出来的学生，没有书呆子，他们会耕田，也懂顶尖的科学。人人都是鲁滨逊，把他们放在荒岛上，或许都是可以重生。

懂得劳动，就懂得了生存。

读书固然可以明白事理，不过从现在一些人的浪费情况来看，“粒粒皆辛苦”的道理恐怕只有“锄禾日当午”才能了解。

以文學明道其弊至於菽麥不分豈止不知稼穡艱難也哀哉

人以麟鳳比君子以豺狼比小人徒論其表耳麟鳳能瑞世而不能移風易俗君子能厚風俗致太平以來麟鳳豺狼能害人其狀易别人得以避之小人深情厚貌毒人而不可防閑豺狼之不若也

善惡之報速則人畏而為善天網雖匆漏恐太踈則流中下之性

【原典】人以麟凤比君子，以豺狼比小人，徒论其表耳。麟凤能瑞世，而不能移风易俗，君子能厚风俗，致太平，以来麟凤。豺狼能害人，其状易别，人得以避之。小人深情厚貌，毒人而不可防闲，豺狼之不若也。

【释评】人以龙凤来比拟君子，以豺狼来比拟小人，只不过是看其表面罢了。龙凤只能做盛世祥瑞的标志，而不能移风易俗，君子能够使风俗淳厚、达到太平，以此招来龙凤。豺狼害人，它的面貌容易识别，人能避开它。而小人如若情深貌厚，害人时简直无法防范制止，豺狼都赶不上他。

人们把改变社会的伟人称之为文曲星下凡，他们的出生常常被渲染得玄乎其玄，譬如孔子的母亲生下他的时候是在野外，据说天上有一道白光下来，接着孔子落地了。西方也是如此，拿破仑出生的时候，据说是晴朗的天空顿时风雨雷电，他出生啼哭之后天气又转晴了。

不管出生时到底是什么样，伟人君子在紧要关头往往可以力挽狂澜，改变时局。春秋时期的子产是郑国执政，当时郑国有七大强族轮流执政，这样一个多灾多难小国政局却如此混乱，而子产正是受命于危难之际，以他的聪明维护这个弱小国家的尊严，寻求喘息的机会。子产上能辅佐君王，下能庇护子民，使郑国虽夹在晋国和楚国两个大国之间，却能安然无事。连孔子都赞美他是君子。

把君子和小人放在一起比较，就好像拿粪坑里的石头和博物馆里的美玉对比，不但拔高了小人，也玷污了君子。

爱国诗人龚自珍有个没出息的儿子叫龚半伦，他没有继承半点儿父亲的才气，反而引狼入室，卖国求荣：英法联军进入北京后，龚半伦带着他们洗劫了圆明园，走的时候他跟那些洋鬼子一样满载而归，为后人所不齿。

【原典】善恶之报速，则人畏而为善。天网虽勿漏，恐太疏，则流中下之性。

【释评】善恶报应有时来得太快，所以人们害怕而去行善。天网虽然没有漏洞，但恐怕太稀疏了，也难免会流于形式了。人们行为做事多存侥幸心理，在利益的驱动下，即使做了不善的事，虽然也敬畏天道，但也心存侥幸，殊不知不是不报，只是时候不到。

天网恢恢，疏而不漏。做了坏事的人一时没受惩罚，心存侥幸。可白天不踏实，晚上睡不好。某法制节目播报说，一名犯罪分子潜逃10年甚至20年，逃到一个无人相识的地方，娶妻生子，突然有一天，警方暗夜来访，戴上手铐押回重审。记者采访的时候，罪犯说，几十年了，还是牢房里睡得比较踏实。

佛教里说人有前世、今生、来世，讲因果报应，前世的因，今生的果；今生的果，又成了来世的因。

这辈子，做了坏事，必定要伤害别人，别人就要报复。同样，做了好事，必定有益于人，别人自然要予以报答。所谓：种瓜得瓜，种豆得豆。种善得善，种恶收恶。为非作恶，终会受到天道惩罚，只是时间早晚的问题。

【原典】少不勤苦，老必艰辛，少不伏劳，老不安逸。

【释评】年少时如果不勤快劳动，老了肯定少不了艰辛，无法安度。

大多有为少年是在逆境中成长起来的。金庸小说《倚天屠龙记》中的张无忌是武当派张翠山和天鹰教殷素素的儿子，出身看似很不错。可惜在他幼年之际父母便死于非命，只剩下他一个人，仅有的亲人也就是双目失明的义父谢逊和老态龙钟的师叔祖张三丰。

幼年的张无忌在冰火岛随父亲学了一些武当派入门武功，后领受谢逊崆峒派绝学“七伤拳”的口诀，算是有了一点识字认路的基础。10岁的时候，张无忌刚从冰火岛来到中原，后被玄冥二老的玄冥神掌打伤，中了寒毒。为了看病，张无忌进了蝴蝶谷，结识了医仙胡青牛，两年的时间，病没看好，倒学了一手好医术。

后来，机缘巧合，张无忌救了一只白猿，获得了完整版的《九阴真经》，5年之后，便练成了当时世界上最高的武功之一——九阳神功，当时他才 20 岁。正是有了这一基础，他后来才练成另一大武林绝学“乾坤大挪移”。粗略算起来，张无忌学习的时间也有 10 年。台上一分钟，台下十年功。等到张无忌一出场，便在江湖上声名大噪。

【原典】明出处者，可以保身；轻死生者，可以守节。

【释评】明白仕与隐的人，就可以保全自己；看轻生与死的人，就可以守住操守。

前文说过，春秋时期晋国公子重耳在外逃亡，跟随他的介之推怕主子饿死，从腿上割下人肉给重耳吃。后来重耳时来运转，回到晋国做了国君，也就是晋文公，大力封赏危难之中不离不弃的那帮人，只有介之推拒绝接受赏赐，而且带着母亲隐居绵山，发誓永远不出来了。这又是为何呢?

介之推大概觉得重耳连人肉都吃，以后还有什么不敢吃的，还是功成身退吧。可是他似乎太不了解晋文公的性格，就是不达目的誓不罢休。晋文公在绵山找不到他，心想，我放火烧山，山里着火了你这个大孝子总得带着母亲出来吧。可是最终绵山化成了灰，也没见着人影，活活将介之推母子给烧死了。

或许介之推至死也没想明白，不当官有什么错，错就错在他不懂适时的归隐，别人都是功成身退，他是功未成，身想先退。晋文公刚刚成为国君，正是用人之际，求贤若渴，好不容易有个忠于自己的人，怎么舍得轻易放弃，当然晋文公面对绵山的大火肯定也很后悔。

重视名节操守的人，将生死置之度外。

戊戌变法时的六君子，在变法失败之后，本有机会逃离，却愿为变法流血牺牲。谭嗣同在狱中写道：“我自横刀向天笑，去留肝胆两昆仑。”在菜市口被砍头之际，他大呼：“有心杀贼，无力回天，死得其所，快哉快哉!”对清政府来说，以谭嗣同为代表的变法派就是乱臣贼子；抛开腐败的王朝来说，这种操守是一种为人民谋幸福，为中国求自强的民族大义。

【原典】梁栋朽者，屋倾。贤不肖分者，国治。上节下俭者，财用足。本重末轻者，天下平。

【释评】栋梁腐朽，屋子就倒塌了。贤明和低劣分清楚，国家就治理好了。上层节约下层勤俭，财力用度就充足。重视农业是根本，轻视商业等末业，天下就平定了。

一个国家如果从内部开始乱了，距离灭亡也就不远了。敌人没打过来，自己先乱了阵脚。

国家有了人才，国君懂得用人之道，国家就可以治理好。就像刘备虽然有了张飞、关羽两员武将，还缺少诸葛亮这样的文臣做军师。所以张飞关羽最初虽不服气诸葛亮，但是在打仗之中配合得也算默契了。

古人崇尚节俭，历朝历代都有那么几个十分节俭的皇帝出现。清代道光节俭绝对是出了名的，他每天下午打发太监出去买烧饼，等烧饼买回来的时候已经凉了，皇帝和皇后吃着冷烧饼，就着咸菜，晚饭就结束了。皇帝吃穿不愁，全国都来上供，能节俭到如此地步的实在很少，很多能不挥金如土就是百姓的福气了。

【原典】轻财足以聚人，律己足以服人，量宽足以得人，身先足以率人。

【释评】看轻钱财身边才会有人愿意交往，严格要求自己才能让人信服，有气量能够得到人心，做事的时候走在前面能够领导别人。这句话重点是讲做人要轻财、律己、心胸宽广，做事身先士卒。

旧唐书里说：财聚人散，财散人聚。紧紧把钱攥在自己手心的人就像只一毛不拔的铁公鸡，没人亲近；如果把钱散给其他人，别人自然愿意结交。君子求诸己，小人求诸人。同样是严格要求，差别却这样大，一个成了君子，一个当了小人。

严格要求自己的人，令人佩服。肚量大的人同样如此，武则天就颇有雅量，她爱人才是出了名的。唐初四大才子之一的骆宾王写了一封骂人不带脏字的檄文，只是没想到武则天看到了那篇檄文，不但不生气，还夸文章写得好，直叹息可惜了人才。这样的雅量，加上非凡的勇气、智慧和野心，成就了千古女皇。

身先士卒，这样才能够领导别人。清末的时候，法国从越南进攻广西，老将冯子材坐守镇南关。他充分发扬不怕累、不怕死的精神，一马当先，激励了年轻的小伙子，打了场清末历史上绝无仅有的胜仗。

【原典】无常德者，不可以作医，存亡所系耳。庸人假医以自诬，其初则要厚利，虚实补泻未必适当，幸而不死，则呼须百出，病者甘心以足其欲。不幸而毙，则曰饮食不知禁，嗜欲不能节，非药之过也，厚载而去。死者何辜焉？世无扁鹊，望而知死生，华佗涤肠而愈疾，轻以性命托庸夫，何如畏致疾之因，固养其本，以全天年耶？呜呼哀哉！

【释评】没有固定德操的人，不能做医生，那可是系于生死的职业啊。庸人凭借医术来自夸，开始的时候谋取厚利，虚实补泻虽然未必恰当，幸好没死人，病人甘心满足他的私欲。如果不幸死人，就说是因为不知饮食禁忌，喜好欲望不能节制，不是药的过错。死者何等无辜啊？世界上没有扁鹊，一望就知道生死，也没华佗洗肠就使疾病痊愈，轻易地将性命托付给庸医，怎么能知道得病的缘由，保养身体，以此得以善终呢？唉，悲哀啊！

宋朝有本笔记小说《鹤林玉露》，记载了大学问家朱熹治病的故事。朱熹有脚病，请过一个江湖郎中来给他看病。针灸之后，顿时轻快，朱先生很高兴，给了那个郎中很多钱，还赠了他一首诗。那个郎中拿着钱和诗文走了之后，朱熹的脚病又犯了，而且比原来还厉害，找人去追那个郎中却找不到了。朱熹说，我不是为了要惩罚他，而是怕他拿着我的诗去骗人，耽误了人家治病。其实说到底，有的人是为了命，有的人是为了钱，庸医治病，是谋了财又害命啊！所谓“妙手仁心”是说，一个医生要有扁鹊那样的妙手，南丁格尔那样的仁心才会给一个病人带来幸运。

【原典】忧患疾痛，皆养生善知识；放逐闲废，皆仕宦善知识。不有忧，安知乐可为戒？

【释评】忧患病痛，由此可懂得生命知识；放逐赋闲罢官，都是仕宦生活能让人长见识。没有忧愁，怎知快乐是要警戒的呢？

苦难遭遇是人生无形的财富。在不顺利的困境中方能领略快乐的可贵。

如果人生只有平地，永远只有平坦，那么这样的人生路走多长也是烦恼，因为太过枯燥乏味。如果多了高山，在上山下山的路上不断有新的风景，这样的人生虽然艰辛，却可以收获颇多。

一个历经过磨难的人说："苦难是一笔财富，每一个成功的人都会面对苦难，每一个成功的人在苦难面前都会勇往直前，永不言弃！当你已经很好地走过苦难和打击后，回忆起它都会带有温暖的颜色。"

【原典】女相妒于室，士相嫉于朝，古今通患也。若无贪荣擅宠之心，何嫉之有？

【释评】后宫女子相互妒忌，朝堂上的官员互相嫉妒，古今都是如此。如果没有贪求荣华和宠爱的心，就没有了嫉妒。

莎士比亚说："您要留心嫉妒啊，那是一个绿眼的妖魔！"在西方嫉妒是绿眼睛，在东方通常"红眼睛"是表示嫉妒。它会让人心生恶念，挖空心思破坏别人的幸福。

孙膑因为有才，遭人嫉妒。孙膑和旧友庞涓都拜在鬼谷子的门下，庞涓耐不住寂寞，提前为国效力，深受魏王宠爱。孙膑继续跟着老师在山里读书，得到了鬼谷子传授的独门绝技《孙子兵法》。魏国的国君听说孙膑的才能很高，派人请到魏国做官。庞涓明知在学识和兵法上无法超过孙膑，又害怕孙膑威胁自己的地位，就想赶走他。后来，庞涓设计陷害孙膑，挖掉他的膝盖骨，让他彻底成了废人。但是经过多个回合的斗智斗勇，孙膑打败了庞涓，并写了两部奇书《孙子兵法》和《孙膑兵法》。

有的人的嫉妒心理相当可笑，比如阿Q嫉妒别人身上的虱子比自己的多，拼命在身上找虱子；东施嫉妒西施生病的时候扶着胸口比自己好看，于是也学着西施的样子手扶胸口，结果丑得无与伦比。嫉妒事实上是一种不自信的表现，当内心嫉妒涌动的时候，与其自己纠结，不如努力超过别人，让别人来嫉妒自己。

【原典】情相亲者，礼必寡。道相悖者，术不同。礼简者诚，术异者争。

【释评】情感相亲，礼数必少。人生之路不同，是因为处世的方法不一样。礼数简则诚恳，方法异则纷争。

汉朝淮南王刘安是刘邦的孙子，汉武帝刘彻是刘邦的曾孙，从辈分上来看刘安是刘彻的叔叔。同样姓刘，虽然一个是至高无上的皇帝，一个是执掌一方的淮南王，但都以守好刘氏的江山为己任。不过，从结果上来看，刘安获“谋反”罪，不仅其门下的数千门客遭到清洗杀戮，而刘安本人也自刎而死，当然淮南国也不复存在了。历史上叔叔侄子相煎太急的例子也不少，多是为了争抢皇位与富贵。只是像刘安这样清静无为、低调又低调的人，却最终也遭了灭顶之灾有些令人费解。

这其中的重要原因就是，汉武帝是个进取型皇帝，他像睡醒的狮子一样精力旺盛，不停开战征伐；刘安则是安逸型，清静低调，强调无为而治。两个人在性格上的差异最终演变成治国思路上的差异，因而形成不同的政见，于是才有了刘安的悲剧结局。

古人说，道不同，不相为谋。老鹰要高飞，所以总是奋力一搏；鸵鸟要逃避，所以遇事儿喜欢把头深埋地下。志趣不同的人，为人处世就有很大的不同。

【原典】人不可无识。识暗者，小人。无识者，禽兽。小人舍正而趋邪，假善而为恶。识明者果如是乎？禽兽不知父子之亲、君臣之分，识安在哉！

【释评】人不能没有见识。见识差的，是小人，没有见识的，是禽兽。而小人常舍弃正道而趋于邪恶，假装善良而做恶。难道所谓见识高明就是这样吗？禽兽不知道父子的亲近、君臣的名分，它的见识无从谈起！

见识差的通常鼠目寸光，而见识广的从全局考虑，因而见识决定一个人的眼界。20 世纪初，敦煌的莫高窟被一个叫王圆箓的道士发现了，虽然他是莫高窟最初的管理员，却因此成为永远无法饶恕的罪人。敦煌保留着中国古代最灿烂的文化，王道士为了获得米面柴钱就把敦煌文物一件件以白菜价卖给外国人，他一把白刷子就把墙上几千年的文化抹掉了。

这样一个卑微的人，却像焚书坑儒的秦始皇一样招人恨。在他眼里，他要烧柴，要吃饭，要有住的地方，所以他就便宜用文物，肆意在壁画上抹灰。

没有见识的人，其行径类似强盗。

【原典】利可共而不可独，谋可寡而不可众，独利则败，众谋则泄。

【释评】利益要共享而不能独享，否则就会失败；谋略不能告诉太多的人，否则就会泄露。

传说汉朝时骠骑将军霍去病带领大军在西北击败匈奴，汉武帝奖赏美酒一坛犒赏三军。人多酒少，霍去病把酒倒在泉水里，大家共饮，因此那里的泉水被称为酒泉，这便是今天的卫星发射中心酒泉。分享，造就了一个城市的名字。

但这个世界上也有不能分享的东西。一个计谋，分享了就再也算不上是秘密。历史上很多战役的胜利，其中很重要的一个原因便是窃取了敌人的信息，也就是军事机密。

马谡失街亭之后，司马懿乘胜直追，攻打西城，诸葛亮没有出兵迎敌，而是大开城门，坐在城楼上故作镇静弹古琴，司马懿怀疑有诈，于是退兵。假如诸葛亮唱得空城计这出戏有一个奸细，那么司马懿就会直接上楼取了诸葛亮的人头，孔明有再多的智慧，再虚张声势也会败得很惨。正因为大多数人不知道他葫芦里卖的什么药，才成了以少胜多的极致。

【原典】火之炎上，水之就下，顺其性，则烹饪之功成，灌溉之利博。

【释评】火向上燃烧，水向下流淌，顺应它们的本性，那么火可以用来烹调，水可以用来灌溉。万事万物都有规律，遵循规律做事就能成功。

自然有自然的规律，违背自然准则，盲目改造，其苦果终究由人来吃。

水葫芦原产南美洲，后经日本、台湾引入大陆，最初是作为猪饲料引进。后来因水葫芦迅速适应各地的气候环境，本身生命力强，迅速占据了江河湖中，繁殖迅速，将水里的养料和氧气全部据为己有。而此时随着人民生活条件的改善，猪的伙食也改善了，水葫芦变成了猪都不吃的东西。它像毒蛇猛兽一样，有水葫芦的地方，其他生物连影子也看不到了，严重破坏了物种平衡。

物种入侵成为生态平衡的一大威胁，而很重要的原因就在于人为的引进违背了自然界自我调节的规律。

【原典】越鸟巢南，胡马嘶北，物之直情，而况于人乎？

【释评】北方的马依恋北风，南方的鸟筑巢于向南的树枝，动物活得尚且如此随心随性，更何况人呢？

扪心自问，在现实华丽的包裹之下，我们的内心是不是真的自由？其实，生活中许多人常陷于身不由己的境况之中，说些自己不想说的话，干些自己不想干的事。

魏晋时代有个任情随性的人物，叫阮籍。阮籍的嫂子要回娘家，阮籍跑去为嫂子送别。在古代叔嫂之间被视作男女之大防，坐不同席、处不同向，于是有人就讥笑阮籍不守礼法，他却说得掷地有声：“礼岂为我辈设也！”

阮籍的邻居夫妇开了个酒馆，老板娘很漂亮，阮籍喝醉之后就常躺在人家身边睡着了。而其丈夫却一点也不介意，因为他知道阮籍是个没有邪念的真君子。离阮籍家不远处有一女子不幸短命而亡，阮籍和她根本不认识，可是他却跑到人家里大哭了一场。

阮籍善哭。王勃在《滕王阁序》中说“阮籍猖狂，岂效穷途之哭”，阮籍坐在车子上四处游荡，当走到没路可走的时候就大哭起来。阮籍不为封建礼法束缚，不因世俗的偏见而改变自己，所谓“是真名士自风流”，赤子之心由此可见。

说到哭，越来越多的人把哭等同于软弱，哭其实是人喜怒哀乐的一种正常的表情，只是今天，越来越多的人只会假笑，而不会真哭了，甚至有的人在社会的历练中逐渐失去了自己的表情。

也有很多人玩个性，穿着离谱，打扮常常惊世骇俗，表情夸张，动作出位，出语更是惊倒四座，还喜欢到处展示，卖弄所谓的才情。可见，在提倡自我和个性的时代，有人错把离奇当个性。所以，真正的个性，是合乎天性，合乎自然的，不需要炒作，不需要伪装，就如“越鸟巢南，胡马嘶北”一样随心随性。

【原典】盖棺能定士之贤愚，临事能见人之操守。

【释评】人死后可以判定这个人的贤明和愚蠢，碰到事情了就能看出这个人的操守。

有一个英国谚语说：“患难之交，才是真正的朋友。”

唐朝诗人白居易和元稹有着很深的友谊。元和五年，元稹因为惩治不法官吏而得罪宦官刘士元，被贬为江陵士曹参军，后来又改授通州司马。五年后，白居易上书请求抓捕刺杀宰相武元衡的凶手，结果得罪权贵，被贬为江州司马。元稹在通州听到这个消息，写下了《闻乐天授江州司马》一诗：“残灯无焰影幢幢，此夕闻君谪九江。垂死病中惊坐起，暗风吹雨入寒窗。”后来元稹把此诗寄给了白居易。古通州在四川，江州在江西，两地相隔千里，在那通信非常不发达的年代，两个人靠着诗传递着困境中的友情和支持。

有个说法叫“文人相轻”，就是说文人之间容易互相瞧不起。白居易和元稹的友谊似乎推翻了这个理论。人生最可贵的是，在朋友荣华的时候默默站在背后，在落魄的时候伸出双手。

与此相反的是，唐朝诗人刘希夷写了一首诗《代悲白头翁》，尤其以“年年岁岁花相似，岁岁年年人不同”这一句最为经典，他的舅舅宋之问读过之后就想霸占此诗，刘希夷不同意，宋之问就让人把外甥给杀了。

同样是做人，差别竟如此之大。

【原典】食能止饥，饮能止渴，畏能止祸，足能止贪。

【释评】吃东西可以抵挡饥饿，喝水可以止渴，心存敬畏之心的人能避免灾祸，懂得满足的人不会有贪心。

一位老太太有两个儿子，一个在巷子头卖雨伞，一个在巷子尾开了个染坊。可老太太每天闷闷不乐。有个老头问她：“现在生活条件好了，你怎么不开心呢?”她说，晴天下雨我都愁，晴天的时候卖雨伞的儿子没生意，下雨的时候开染坊的儿子没生意。老头说，晴天的时候开染坊的儿子生意好，下雨的时候卖伞的儿子生意好，不管晴天雨天，家里都有生意。经他一指点，老太太笑了。

快乐不是去思考自己没有什么，想得到什么，而是已经拥有了什么。所以说，知足者常乐。

人的烦恼是因为有了太多欲望，因为追求很多自己并不需要的东西。庄子在河边钓鱼，楚王让大夫去拜访庄子，请他出山。庄子瞧都不瞧他们一眼，不客气地说，乌龟宁愿在自由的水里呼吸也不要去高级的笼子里接受珍藏，我还是喜欢在泥里玩儿。名利到了眼前，庄子却视而不见，听而不闻，当那是一阵云烟，随它而去。

【原典】猛虎能食人，不幸而遇之，必疾走以避。小人能媚人，人喜与之亲，不幸而同利害，必巧为中伤，毒人而人不知，然机穽之设，未若天网之勿漏也。

【释评】猛虎吃人，如果不幸遇到一定要快跑躲避。小人献媚于人，可人们都喜欢跟他亲近，如果不幸和他同利害，肯定会被其算计中伤，而且是在你不知不觉之中，尽管其算计不像天网那样毫无漏洞。

机关算尽太聪明，反误了卿卿性命。这话说的正是那些为了获得利益喜欢耍聪明的人。

原始时期，众鸟聚在一起，讨论问题经常唧唧喳喳，七嘴八舌，意见总是不统一，于是要选一个大王。大家商定：谁先看到日出就封它为王。蝙蝠和鸽子是起得最早的，但是蝙蝠欺骗鸽子去干其他事，让自己成为起得最早的那只鸟。结果大家一致不同意。再次商定：飞得最高的将成为大王。蝙蝠事先藏在了大鹏的翅膀里，等到翅膀飞到高空的时候，突然冒出来，飞得确实比大鹏高。众鸟依然不服，还说：像它这种既没有羽毛，也没有德行的怎么能当王呢？后来，蝙蝠由于不好意思，白天就躲着大家，在黑暗的夜晚才敢出来。

“机关算尽太聪明，反误了卿卿性命”这话说的正是像蝙蝠这样为了获得利益喜欢耍聪明的人，最终却发现害了自己。

【原典】父之教子必以孝，君之责臣必以忠，子不子，臣不臣，安则为之。

【释评】父亲教育儿子以孝道，君主要求臣子忠诚。儿子不像儿子，臣子不像臣子，天下怎么能治理呢？这句话说的是忠孝是治理天下的利器。

曾子提出“忠孝合一”，意思是一个人如果做到了孝，把孝作为基本的规范，那么他对于国家、君王以及别人也会这么做，也便忠于国家。

【原典】以仁为宅，以礼为门，以义为路，居处于是，践履于是，安得不谓之君子。

【释评】把仁作为宅院，把礼作为门，把义作为路，这样为人处世，就是君子。

“仁”就是爱，人与人相互亲爱，就是一种和谐的人际关系。

“礼”不仅仅是一种礼貌，还包括内心的一分敬重。比如请安，是明清礼节的一种，在节庆的时候尤其明显，这是晚辈对长辈，下属对上司表达问候的方式。

“义”，不是义气，孟子说“舍生取义”，在孟子看来“义”比生命要重要，这里“义”是正义的事业，与自私相反，与个人的得失无关，义是一种崇高的理想。匈牙利的诗人裴多菲说：“生命诚可贵，爱情价更高。若为自由故，二者皆可抛。”在这里，义就是追逐自由和解放的信念。

【原典】仁义忠信本自修，人必钦崇之；放辟邪侈本自贼，人必轻鄙之。

【释评】仁义忠信本来就是应该自己修养，大家崇拜这样的人；放纵自己做坏事，非要自己当坏人，这样的人必定被人看不起。

俗话说“金无足赤，人无完人”，没有缺点的人似乎在这个世界上并不存在。不过俗话又说“养天地正气，法古今完人”，意思是说养成浩然之气，学习从古至今的完人。可见完美的人或者说接近完美的人还是存在的，要不怎么“法完人”呢。

历史上对曾国藩的评价很高。在他发迹之前，虽然卑微却奋斗不懈。曾国藩小时候并不聪明，他的童年又正处于清末时期，社会乱糟糟，曾家没什么书香门第的环境，曾国藩全凭自己的努力，终于考中了功名。

为官后，曾国藩讲仁守义，知人善任，执法严明。他实现了儒家修身、齐家、治国、平天下的宏愿，又完成了立德、立功、立言“三不朽”的大事业。在功成名就的时候，依然自省，严于律己，兢兢业业，生活十分简朴；他很有才在别人面前却依然一副谦虚的样子；他很是完美，却依然不断修正自己。

见贤思齐，见不贤而内自省也。就是说看到有修养的贤德之士要学习，看到不道德的事情要反观自己。可偏偏有一种人，明知自己的不足，却随波逐流——这种人就像一只破船，船心有一个小洞，刚开始水流很小，他却不及时把洞堵上，后来洞越来越大以致堵不上了，最后整个船舱都是水，便沉没了。

【原典】莫尊于事君，莫严于事亲，莫远于天地鬼神，莫疏于禽兽夷狄，一于诚，则交际之道无不至矣。

【释评】没有比侍奉君王更尊贵的了，没有比侍奉父母更严肃的，没有比天地鬼神更遥远的了，没有比禽兽夷狄更有距离的了，一切施之以诚，就能交到又多又好的朋友。

所谓“精诚所至，金石为开”。人的诚心一旦达到，连金子石头也会裂开。

宋代的程颢程颐是两个当时的大儒学家，别人称他们“二程”。杨时和游酢年轻的时候拜程颢为师，学成之后考中了进士。等到老师去世之后，他们两个人依然想学习，于是决定拜老师的弟弟程颐为师。故事就发生在他们去嵩阳书院拜访程颐时，那时节正是三九四九冰上走的时候，天降鹅毛大雪，杨时和游酢进入程家院子，门童告诉他们程颐在睡午觉，请他们到书房边喝茶边等。这两个人怕打扰老师休息，乖乖地站在程颐的门外静静等待。后来程颐醒来的时候，门外的雪已经是厚厚的一层，两个人站在那里已经成了雪人。程老师被二人的诚意打动，尽心传授心法，助他们飞得更高远。杨时基本上把程家所有的学问都学到家了，还自立门户，新创造了独家学派。“程门立雪”的故事可以说是史上最有诚意的求学方式，最后也把本事学到了家。

拜佛求签的时候，都说心诚则灵。其实，与人交往都是如此，诚心是最好的名片。

【原典】内不欺于妻子者，事亲必孝：外不欺于朋友者，事君必忠。

【释评】在家里不欺骗妻子儿女的人也一定孝顺父母，在外面不欺骗朋友的人，对待君主也一定忠诚。诚实的人无论在哪里，都会以诚待人。

有个故事叫“曾子杀猪教子”。曾子的夫人要去赶集，孩子哭闹着也要跟去，曾夫人让孩子安心在家等，回来杀猪给他吃。等曾夫人赶集回来的时候，曾子磨刀霍霍走向猪圈。夫人说，我只是说说而已，你怎么当真啊？曾子认为不能欺骗孩子，否则这孩子长大后也会骗人。

和曾子一样，西方人对诚信教育也颇为重视。华盛顿小时候得到了一把斧子，十分喜欢，看到树就觉得兴奋，于是不顾一切地就把他父亲心爱的樱桃树给砍掉了。当父亲问起的时候，华盛顿承认了错误。父亲看到此情此景，一面心疼珍贵的樱桃树，一面为儿子诚实的态度而欣喜，安慰儿子不要伤心——“我宁愿失去100棵樱桃树也不愿听你撒谎”。一个人年少时所受的教育常常像影子一样会影响一个人的一生，华盛顿父亲的诚信教育伴随他一生。

失去诚信的人寸步难行，而拥有它可走康庄大道。

【原典】人性如水，水一倾则不可复，性一纵则不可反。制水者必以堤防，制性者必以礼法。

【释评】人性像水一样，容易肆意流淌，倒掉就收不回来了，人性一旦放纵也不容易收回来。治水需要建堤坝，人性的规范要用礼法。

晋武帝司马炎是晋朝的第一任皇帝，他颇有气度，以虚怀若谷的胸襟接受臣子的责问和批评，甚至可以与唐太宗并称为中国历史上最勇于纳谏的皇帝。

司马炎经常同大臣热烈地议论政事，与右将军皇甫陶争论得十分激烈，皇甫陶为人性急，讨论问题只问是非，不问身份，若是别的朝代的皇帝大概就以“忤逆罪”处以死刑了。有个小人叫郑徽，想参皇甫陶一本，给他治罪，以讨好司马炎获得升迁。不料司马炎看完奏折勃然大怒，表示自己需要的正是皇甫陶这样敢于直谏的人，而罢了郑徽的职。

当时的尚书仆射刘毅也是一个直言敢谏的人。在司马炎受禅即位的那一个月里，全国各地出现了六只凤凰、三条青龙、两条白龙和一头麒麟，这是改朝换代祥瑞的标志。在此后一年里，各地又陆续出现了很多次青龙白龙。在古代据说皇帝执政不力，天帝会以异象或者天灾警示皇帝，而皇帝勤勤恳恳，百姓安居的时候会出现龙凤等祥瑞之物以示嘉许。当京城的武器库的井里也出现了龙，晋武帝司马炎不禁高兴起来，众人也向皇帝道喜，不曾想他的下属刘毅却泼来一盆凉水，他说，当年龙落在夏朝，后来又落在周朝，后来发生了骊山烽火戏诸侯，周室倾颓，可见龙出现不一定是好事。即便如此，司马炎依然很喜欢刘毅。

有的时候，会听到让我们不舒服的话，冲动是魔鬼，只有冷静分析是非对错，才能让人生不留遗憾。青春年少，性格起伏较大，一旦无人管束或者放开道义准则的束缚，就像脱缰的野马，不知所往。

【原典】保生者寡欲，保身者避名。无欲易，无名难。

【释评】想保全身体的人就要清心寡欲，想明哲保身的人就要躲避名声。没有欲望容易，想拒绝名声难。

长寿的人在传授秘诀的时候有一条很重要，那便是万事平和，清心寡欲。欲望越大，想要的越多，对自己的消耗就越大。贪杯者即使尝尽世上所有的好酒，满足了一时之需，却伤了肝。很多人醉死杯中，这本来跟酒没有太大的关系，其实是欲望泛滥的结果。但无论是酒还是别的欲望，只要有决心，都是可以戒掉的。欲望是自己加的，可以自己调节，增减内心欲望，比如出家人要想圆满就必须做到无欲无求。

人不仅会为名所累，还会为名所害。春秋时期，越王勾践被吴王夫差打败，失去地盘，勾践一下子从越国的国君变成了夫差的养马官，历经10年的卧薪尝胆，勾践在范蠡和文种的辅佐之下打败了吴国。范蠡功成身退，带着美女西施荡游西湖，人称“陶朱公”，而文种则继续当官。尽管文种在勾践失利之后为越国立下汗马功劳，但是却忽略了功成身退的道理。虽然范蠡逃到齐国后写信给他，告诉他勾践是可以共患难而不能共富贵的人，他依然执迷不悟，直至后来被勾践赐死。

历史上，这样的人和事不在少数，全都是没禁得住名利的诱惑。

【原典】善人种德，降祥于天；恶人种祸，贻殃于后。

【释评】好人种下阴德，会有好报；坏人种下恶果，留下祸患。

善有善报，恶有恶报。善良的人总会有意想不到的幸运，而恶人也会遭遇不可预知的祸患。

有这样一则神话，一大一小两个天使化身凡人来人间视察。当天黑他们来到一个富裕人家借宿的时候，女主人趾高气扬，不让他们住客房，不情愿地让他们两个人住在冰冷的地下室。晚上大天使看到墙上有个洞，就用手把地下室的洞堵住了。

又一个晚上，他们来到一户贫穷人家，主人拿出家里所有的东西来招待天使，还让他们睡在床上，自己则睡在草席上。天亮的时候，穷人家的奶牛死了。小天使不解，问为什么给恶人补墙上的洞，却不阻止穷人家奶牛的死亡。大天使说，富人家的地下室连着地下宝藏，他为富不仁，所以那里的财富不属于他；而穷人家的奶牛之所以会死是因为死神想带走他们家女主人，我让奶牛代替了她。

可见，善人和恶人的结果是完全不同的。

【原典】妻子之书，可以示朋友；衽席之言，可以白神明。俯仰无愧，君子之乐也。

【释评】妻子的书信可以给朋友看，在家里说的话可以告诉神明。问心无愧，这是君子的快乐所在。

有一种人，他们为人坦诚，做事光明磊落，不求有功，但求无过。上古时期，相传尧想将帝位传给许由，许由辞而不就，逃到登封的箕山下；后尧又想让他做九州长官，许由跑到颍水边洗耳朵。后人把许由奉为隐士的鼻祖。

相比许由，很多人对权力金钱的追逐趋之若鹜，私下里搞地下活动，台面上阿谀奉承，说一些违心的话，他们窃窃私语，藏着掖着，神色慌张。对他们而言日子从来没有舒坦过，活着不是太累，而是受罪。

说到底，是人的追求不同，有的人尽管生活平淡依然可以自得其乐，所以“春有百花秋有月，夏有凉风冬有雪”就是他们生命的乐趣所在。而另一些人对金钱权力的迷恋已经超过了对音乐和美景的留恋。如果将金钱权力比做一个陷阱，掉进陷阱的人时刻要提防被猎取，尽管他们处心积虑，却看不到景色，听不见音乐，而在陷阱之外的人自然可以欣赏四季的变化。

【原典】以巧得者，不肯以拙守，巧过则失。以力进者，不肯以谦退，力穷则坠。

【释评】以技巧来做事的人，不愿用愚拙作为自己的操守，往往失利于过分用技巧。用力向前的人，不愿意谦虚退让，力量用完了也就失败了。

从古至今，我们知道或者听说过很多聪明人的故事，也总感叹自己的脑袋不开窍，没有那样的智慧。但爱耍小聪明的人，是不讨人喜欢的。

《三国演义》中的蒋干，于赤壁之战前充当曹操之说客，企图劝说周瑜投降。而当时，不想周瑜正担心蔡瑁和张允帮助曹军训练好水军，于是将计就计，摆下“群英会”，诱导蒋干盗走假的张、蔡二人的“投降书”，以反间计除去了这二人。蒋干却以为立功，成为笑柄。他自以为聪明，反而被人利用，不仅害了别人，也毁掉了自己的前程。

还有句话说得好“君子斗智不斗力”，空有一身蛮力，万事依靠武力的人是不会长久的，因为强权和武力不能解决一切问题，你力气大，可也终有用完的一天，等你用完了，世界末日也就到了。

有很多人就从不靠武力服人，刘备对待臣子，以德待之，深得人心，所以才被称为“仁君”。秦始皇以武制胜，用强悍的手段统一六国，到最后却越来越不得人心。所以，创业艰难，守业更艰难，要时时思考是否应该改变自己的行事作风，才能得到长久发展。

【原典】人欲有所为，不必谋于人，当谋于心。一人之心，千万人之心也。若我心为可，则人亦必以为可，或人心有不可为者，我岂可为耶？

【释评】一个人想要有所行动，不必同他人商量，应当听从自己的内心。每一个人的心，同于千万人的心啊。如果我心里觉得可行，那么他人也会觉得是可行的，那别人的心以为不可做，我难道就认为可做吗？

李白天生贪玩儿，在他幼年有一次闲逛时，无意在河边碰到磨杵的老婆婆，那老妇人说了句至理名言："只要功夫深，铁杵磨成针。"自此以后，李白受到启发，开始发愤读书。

与李白相比，苏洵就显得大器晚成，名气也小了很多。苏洵到了27岁才开始读书，过了10年闭门读书的生活才学有所成。但后来他两次参加科举都以失败告终，于是放弃机会，一心读圣贤书，写文章，教育两个儿子，把希望寄托在下一代身上。后来，苏家出了三个文学家，"唐宋八大家"他们一家占了三席，大家称其"三苏"，其中一个是名扬天下的苏轼，一个是非同凡响的苏辙，另外就是大器晚成的苏洵自己，可见他读书是下了苦功的。苏洵虽然不会考试，但是他的教育方式也算史上最成功的了。

想做成一件事，只要有决心，肯努力，再迟也不晚。想成就一件事，就把这件事放在心里暗暗努力。若不成功，天道何存？

【原典】孝弟忠信之在身，犹金玉宝货之在室，扩而行之于己，犹发而施之于人，岂不美哉！放弃而不知求，埋藏而不知用，是谁之过欤？

【释评】把孝顺、悌敬、忠诚、信用作为人生的准则，就好像家有金银财宝一般，将此种美行落实在自己的行动上，就会发扬它而推及他人，这是多美的事情啊！如果自己不去追求，或者不去落实和应用，这是谁的过错呢？

退力窮則墜

人欲有所為不必謀於人當謀於心一人之心千萬人之心也若我心為可則人亦必以為可或人心有不可為者我豈可為耶

孝弟忠信之在身猶金玉寶貨之在室擴而行之於己猶發而施之於人豈不美哉放棄而不知求埋藏而不知用是誰之過歟

天下無甚難事若度己而取量才而授事罔不濟若責

走进市场，所有的东西有形的无形的都明码标价，商业时代已然到来。就连感情似乎都可以用金钱来衡量，但是无论这个社会怎么变化，始终有一些东西不会贬值，而且永不打折。这便是人的美德——孝悌忠信。

有一位送货司机开车行进在青藏公路上，途中经过一个小镇，他停车的时候有一位羞涩的藏族小姑娘走过来，请求他帮一个忙——她的哥哥在前面镇上的工厂工作，她惦记他却不能去，因为要留在家里照料年迈的父母，所以请求司机给哥哥捎去 1000 块钱。司机同意了，等到了那个地方便把钱全部交给了那个小伙子。

这是个真实的故事，虽然很简单，却闪烁着很多人性的光辉——小姑娘对哥哥及父母的一份爱，对司机的那份信任，而司机在没有任何人监督的情况下把钱全部交给了那个小伙子。

世界上最伟大的真理往往是最朴素的，而最珍贵的美德其实也是最简单的。只要伸出双手，美德便触手可及。每一个人，只要心存一份善良和纯洁，就能获取一份信任和感激。

【原典】天下无甚难事，若度己而取，量才而授，事罔不济。若责聋者修声，瞽者司火，非不为，是不能也。

【释评】世上没有什么难事，根据自己的能力去做，事情没有不成功的。让耳聋的人掌管音乐，让失明的人管理烟火，不是他们不去做，而是其不能完成。

盲人和腿障者同住一屋，当屋里着大火的时候，如果各自逃命的话，肯定都跑不出去，只有盲人背着腿脚不方便者，才能顺利脱险。

做任何事都要坚持“看菜吃饭，量体裁衣”的原则，一个人的精力有限，能力有限，做事需量力而行。生活中却偏偏就有那种好高骛远的人，他们善于夸夸其谈，看上去信心百倍，胜券在握，当真正面临艰危局面时却手足无措，徒留笑柄。

战国时，赵国有个熟读兵法的赵括，谈起兵法来无人可及，连他的父亲赵奢也不是其对手，但是赵奢却丝毫不夸奖他。后来，赵括取代廉颇成了赵军的主帅，他草率地任用官吏，治军全无章法，一时间军纪涣散，斗志全无，最后在长平之战中，赵括被秦军乱箭射死，40 万投降的赵军也全被活埋。

生活中的事情需要我们量力而行，尽力而为。不过，有的事情即使尽多少力也无济于事。一棵稻子种在麦地里，既长不出稻子，也长不出麦子来，不会有好的结果。所以，干活儿的时候，首先要想想我们有多大能耐，然后再决定用几分的力。这就叫“度己而取，量才而授”啊！

【原典】大匠抡材、梁栋、榱桷，非一律。良医用药、温凉、补泻，不槩用。譬犹造屋瓦者，不可为盘盂，凿柱础者，不可琢璞玉。似是而非，非工之过，用者之不审也。

【释评】好的匠人选材，能辨别做栋梁、椽子的木料，不会一样对待；好的医生用药，温热、寒凉、可补、可泻的药材也不会一概混用。譬如要选造屋瓦的材料，不能用于造盘子碟子；可开凿作柱石基础的，不能看成雕琢玉器的璞石。稀里糊涂，不是工人的过错，是选材备用的人太外行了。

纵观历史，但凡成大业者，不光是靠自己的雄才大略，也靠发挥自己手下的能力。雍正是清朝有名的皇帝，“康乾盛世”他起着承上启下的作用。近年来，史学界对他的评价相比以往越来越高。在他统治的时期，政治清明，国泰民安。除了雍正自身勤政以外，他手下人也非等闲之辈，谁会带兵，谁会外交，谁管财政，他都安排得很好，只要你有才，就有让你发挥的地方。他认为“天下之大，无奇不有，惟以用人一政为本。应用尽天下可用之才，其余皆枝叶耳。”他正是充分把握好如何选才用人这一真正的治国之本，才纲举目张、治绩斐然的。

【原典】出必告，反必面，昏定晨省，问寝视膳，是人子之于亲，无顷刻忘也。今士大夫之家，子弟幼则视乳哺，长则命师友，非不爱也。及其一命在身，则挈妻携子从事于外，以亲为客寄。父欲子之进，而忘其爱，子欲自致显宦，而忘其亲。是父不父，子不子，岂不为名教罪人？求忠臣于孝子之门，固不足诛。贤父兄之过亦多矣。

【释评】出门前要跟父母请示，回来之后要去面见，早晚要请安，要关心他们的睡眠和饮食，对于父母，一刻都不能忘。现在士大夫人家，孩子小时候就交给乳母养着，长大后就听命于师友，这并不是不爱他。等到他长大有使命责任在身，带着妻儿在外忙碌，就将父母当成客人了。父亲想要儿子事业精进，但已忘记了爱，儿子一门心思追求显宦，也忘掉了父母。于是父亲不像父亲、儿子不像是儿子，难道这不是教化的失误吗？忠臣出于孝悌之家，这没什么可说的。而其父兄有时候也会出错。

古代有很多像“窗前明月光”这样的思乡诗，那时候的学生跟现在的不一样，他们“学而优则仕”，读书就是求取功名，都有一股“学不成名誓不还”的心气。所以，为了光宗耀祖，让父母分享一份荣耀也得好好学习。良辰美景都是在功成名就之后，但是能够高中三甲的人毕竟是少数，像范进一样考到 60 岁才中个举人，孙子都抱上了，还谈什么良辰美景。

历史上真正能看破功名的也没有多少人，还是因为功名利禄带来的好处忘不了，江南四大才子之一的唐伯虎说：“他人笑我太疯癫，我笑他人看不穿。”名利像枷锁，越是求之心切，越是被铐得紧。

【原典】用过其才则败事，享过其分则丧身。

【释评】过度发挥才能，事情就办不成，享受过度就会伤害自己的身体。所谓“过犹不及”，任何事都要坚持适度原则。

秦朝经商鞅变法开始强盛，超出六国之上，后商鞅虽遭贵族陷害车裂而死，但是变法后的秦国国力迅速强盛。商鞅变法所用的法就是法家学说，统一六国的秦国依然沿用适用于乱世的法家思想，实行赶尽杀绝的残暴统治，而秦二世胡亥变本加厉，视百姓如草芥，终于导致了中国历史上有名的陈胜吴广领导的大泽乡农民运动，秦国迅速灭亡。

法家刚性思想的延续使用使得秦朝成为一个短命的王朝，在某种程度上可以说成也法家，败也法家。而到了汉朝，文帝和景帝在内心其实都在嘲笑秦二世，不懂治国，为何去当皇帝呢，因为胡亥是踏着公子扶苏的血走向皇位的，他骨子里的性格跟法家里的铁血思想类似。相比之下，汉文帝和汉景帝就更聪明一些，看似“无为”的柔性统治，却开创了盛世。

适度的惩戒，适度的无为，便是有为了。治国如此，做事亦是如此。

【原典】量有余，则不隘；力有余，则不乏；德有余，则不争；色有余，则不妬。

【释评】度量大的人不会狭隘；有力气的人不会疲乏；品德好的人不会与人争斗；长得好看的人不会嫉妒别人。

人无完人，每个人都有自己的缺点和不足，这就要经过长期的修身养性，才能达到越来越高的境界。不断提高自己的情操，养成好的品德。有的人心胸狭隘，总是嫉妒别人比自己强，这样的人永远成不了大气候。

古人总是提倡修身养性，不是没有道理的。康熙时期，文华殿大学士兼礼部尚书张英的家人与邻居吴家在宅基地问题上发生了争执，家人飞书京城，让张英说服吴家。而张英回馈给家人的是一首诗，诗文如下：“千里修书只为墙，让他三尺又何妨。万里长城今犹在，不见当年秦始皇。”家人见书，主动在争执线上退让了三尺，而邻居吴氏也深受感动，退地三尺，建宅置院，于是两家的院墙之间有一条宽六尺的巷子。安徽桐城的六尺巷即是由此而来。

这么看来，宽广的胸怀，优秀的品德，是安身立命的根本。

【原典】用舍在人，不在我；行藏在我，不在人。在我者道，在人者时。

【释评】是否重用我，在于别人，而不在于自己；出世入世在于我自己，而不在于别人。我能做到的是掌握道，时运是要靠别人。

很多人总觉得上天对自己不公，慨叹自己怀才不遇，不被人重用。其实，有没有人看上你的才能并不是你能左右的，那我们自己能做的是什么呢，就是关注自己的行为。要相信命运掌握在自己的手中，不管是否受人关注，都要保持自己的品行高洁。是金子总会发光的，若真是块好料，到哪都有人用。

历史上的姜太公，他到 60 多岁还没有一官半职，但心态很好，从来不想着抱怨，闲来常到河边钓鱼，修身养性，最后还真调来了一条大鱼——周文王。自此他的一身抱负得以施展，佐商灭周，成就功业。所以，现在还没有赶上机遇的人也不用着急，增加自身修为，时刻准备着就是了。

【原典】言，心声也。心正者言直，心诐者言诞；心不公者，言不中理；心夸大者，言不究实。

【释评】言为心声。心正的人言语正直，心不正的人言语虚妄；心有私念的言语就不合于理；自我膨胀的，所说的话就不实在。

俗话说“口乃心之门户”，一个人的语言体现着一个人的内心。宋代大文学家苏轼喜欢谈佛论道，他有个好朋友法号佛印。佛印来拜访苏轼，两人坐下闲聊。苏轼问：“我在你心里是什么?”法印回答：“你是一尊佛。”并以同样的问题反问东坡。苏东坡说：“你在我心里是一坨屎。”回家之后苏轼将此事讲给苏小妹，不料苏小妹红着脸说：“哥哥你境界太低了。法印心中有佛，所以看世间万物都是佛；你心中有屎，所以看别人都是屎。”

在《狄仁杰之通天帝国》里，象征至高皇权的“通天浮屠”高达 66 丈，而通天浮屠之所以能够巍然挺立就在于有通天柱，通天柱倒了，通天浮屠也就不复存在了。心就是我们生存的通天柱，心歪了，说出来的话就是歪的。

【原典】事君如事父，以实不以文，以诚不以巧，尊而畏之，爱而敬之。尊则不敢欺，畏则不敢侮，爱则不忍隐，敬则不忍犯。

【释评】对待君主就像对待自己的父亲，要实实在在不能夸饰，要诚恳而不能有机巧，不仅要尊重他，更要敬畏他，爱戴他更要尊敬他。尊重君主就不敢欺骗他，敬畏他就不敢侮辱他，爱戴他就不会隐瞒他，尊敬他就不会触犯他。

古人提倡："事君如事父。"就是说对待君主要像对待自己的父亲。一定要实在，要诚实，不能有歪心思，要尊敬他，要爱护他。这是古代社会维护统治者利益的必然说法。

到了现代社会，这一提法可以推演到对于国家，也应该是这样。无论是普通百姓，还是政府官员，都要以想着国家的利益为重，人们崇拜英雄，不全是因为他们能征善战，更是因为他们忠于自己的国家，什么是侠之大者，不是会飞檐走壁，外功内力，更重要的是以国事为先，那才是真正的英雄豪杰。

【原典】伊吕起耕钓，傅说举版筑，汤文高宗，致治之本也。汉高祖得先圣之心，故用萧何追亡臣为将，削平祸乱与黼藻太平举措不同。

【释评】伊尹、吕尚被任用于耕田和钓鱼岗位，傅说被举荐于筑土成墙的工地上，这是商汤周文王高宗武丁治世的根本。汉高祖获得先圣的真谛，所以使用萧何追回的逃亡之臣为将。可见，削平祸乱和装饰太平的方法是不同的。

针对不同的情形采取不同的办法，兵来将挡水来土掩，这样事情才会朝着预想的方向发展。孔子说"穷则独善其身，达则兼济天下"，意思就是说君子的人生坐标要根据社会的情况来定。"独善其身"是因为无人赏识，英雄无用武之地，更不甘心同流合污；"兼济天下"是得志时就要全力施展以实现自己的社会理想。

俗话说：识时务者为俊杰。诸葛亮在隆中当农夫大约有 10 年，终于等到刘备三顾茅庐。两人几番对话后，天下大势尽在笑谈之中。生于太平盛世固然幸运，乱世中也非全是不幸，重要的不是出身，而是要抓住时机，有所作为。

【原典】欲饱暖者，事农桑；兴王霸者，图秦晋。农桑者，衣食之本；秦晋者，兵马之区。

【释评】想让人民吃饱穿暖就要重视农业；想让国家强盛就要占据秦晋之地。农桑之事是人民生活之本，秦晋之地是兵家必争之地。

中国人口在满清的时候就已经达到了一亿，在靠天吃饭的时代这是很恐怖的，所以顺治、康熙皇帝一直到乾隆都很重视农业，如果皇帝不让老百姓吃上饭，老百姓就会群起反抗。

农村老太太到庙会看戏都会搬个小板凳儿提前占好位子，那样才能看到好戏；打仗也得占一个易守难攻的好位置，才更有可能打一场漂亮的胜仗。秦晋两国处在大中心地区，占据此地就有可能实现统一天下的大业，因为占据此地向南可攻下江南鱼米之乡，向北也可以行进到边塞。五代后梁时期，晋国和梁国有一场鄗邑之战。晋国在野河的北岸安营扎寨，人比梁国少很多。后来晋军把梁军引到可进可退的平原地区，在敌人人马饥渴撤退的时候发动进攻，一举大败梁军。

古人打仗特别重视地形，山海关、嘉峪关、蒲津渡、采石矶、剑阁道以及荆州、徐州等都是兵家必争之地，这些地方往往拥有天险，地形适合防御或者进攻，而地形的好坏直接影响到战争的结果。

【原典】卧重冰而厚裀褥，耽大欲而储药石，知所患，而不知所畏，宴安之惑也。

【释评】要睡在冰上就要准备好厚被褥，专注于欲望就要提前准备好药物。知道自己将遇到病患，而不知畏惧，是因为被享受的欲念所迷惑。

孟子说，生于忧患，死于安乐。享受虽然能带来愉悦，却容易让人忘记危险。把青蛙放进锅炉的温水里，一开始它会觉得很舒服，很享受，当温度上升到它无法消受的时候，它已经没有力气跳出来了，最后被煮熟。最舒服的时候，往往也是最应该挣扎的时候。如果一开始就把青蛙放进沸水里，它脚一蹬就会跳出来。人在享受的时候防备自然就会变弱。

现代人生活在越来越省力的环境中，甚至连做饭洗碗都有可能让机器代劳。人在舒适的摇篮里享受畸形带来的快乐和痛苦，身体的运动机能逐渐消失，四肢会越来越不协调。长此以往，将会有多么可怕的后果可想而知了。

【原典】不深耕易耨，难以责天时；不正心诚意，难以服众议。

【释评】不耕田除草，不能责怪老天爷不帮忙；心地不端正，难以让人信服。手脚不勤快的人，即使别人想帮忙也未必能帮上；自己内心不端正的人，又怎么会得到别人的认可呢?

一个人首先要学会完善自我，才能在社会上立足。历史上那些有影响的人都懂得不失时机地学习，不断地锻炼自己，完善自我，以成就明天。张飞的粗糙中也有细腻娴静如绣花的地方，以至让人刮目相看。

其实技不压身，怕就怕没有学习的恒心。王羲之是1600年前我国晋朝的一位大书法家，被人们誉为“书圣”，绍兴市西街戒珠寺内有个墨池，传说就是当年王羲之洗笔的地方。王羲之7岁练习书法，勤奋好学。17岁时他把父亲秘藏的前代书法论著偷来阅读，看熟了就练着写，他每天坐在池子边练字，练完就在池水里洗笔，天长日久竟将一池水都洗成了墨色，正是他有这样的决心，才能扬名后世啊!

谢灵运曾说：“天下才共一石，子建独占八斗，我一斗，天下人共分一斗。”这句话说天下的才能如果分成十斗的话，曹植独占了八斗，他谢灵运独占了一斗，剩下的那一斗就是天下其他文人共分了。这话看起来夸的是曹植，实际上也捧了自己。而他能有这一斗，确也是他自我学习的成果啊!

【原典】有违于亲者，不足以言孝。有欺于君者，不足以言忠。

【释评】违背双亲的人不能算是孝顺，欺骗君王的人不能算是忠臣。

相比今天的人们，古人是复杂的。他们在家里要顺从父母，要百分百听父母的话，比如要和没见过面的人结婚；在外面闯荡，当官的就要听皇帝的话，一不留神就拉到午门。

古人认为孝就是全心全意听父母的话，所以陆游的母亲不喜欢儿媳妇唐婉，就可以让他和妻子离婚，陆游虽然忍着痛，也要割爱，这种愚昧的孝，现代人不应遵循。现代人的孝的观念较为成熟，孝依然是顺从父母的心意，即便有时候不听从于他们，也是因为他们的观念确实陈旧了。婚姻自由的时代，父母也没有资格强迫。

欺骗君主的人在古人看来罪不可恕。比如《三国演义》中的曹操曾经挟天子以令诸侯，仗着自己有数量惊人的陆军就为所欲为，想统一天下。后来，曹操被后人骂了1000多年，直到现代的郭沫若为其翻案。曹操虽然没有忠于汉朝刘氏，但并没有影响他一代英雄的形象。

【原典】有欲者无刚，有私者无断。

【释评】有所欲求就不会刚强，有私心的人会失去正确的判断。

有欲望的人会为了实现内心的想法而行动，但过分膨胀的欲望就像空中逐渐升起的氢气球，体型越来越大，皮囊越来越薄，最后爆炸消失。没有世俗欲望的人是强大的，这就是“无欲则刚”。欲望是脖子上的枷锁，把人紧紧束缚。世俗享受的欲望越少，枷锁就松，也会更自由。释迦牟尼出家前是一个王子，当他把权力野心放下，把富贵荣华抛开，内心获得真正的自由，变得无限强大。

私心重的人，如意算盘打得啪啪响。自私的人，凡事首先想到的都是自己的利益，在他们的字典里没有“公平”两个字。谁是历史上最自私的人呢？有人说是大禹，虽然大禹治水，三过家门而不入，但是尧和舜把皇位都禅让给贤德之人，禹却直接传给了自己的儿子。也有人说最自私的是曹操，因为曹操曾说“宁教我负天下人，不教天下人负我”。有私心或许没错，判断失误，留下骂名那是自己的事情，但是请不要伤害他人。

【原典】养刚大之气者，不溺于富贵；明取舍之义者，不担忧于贫贱。然后可以断大事，立大节，岂小丈夫所能？

【释评】培养自己刚正浩大之气，不让自己沉溺于富贵之中。明白获取与舍弃道理的人，不会担忧贫穷低贱。这样的人能做大事，立下大的节气，这难道是小丈夫所能达到的吗？

每个人都有自身的气度修养，有的人坐端行正，一身正气，有的人正好相反，总是半死不活，垂头丧气。儒家孟子说“我善养吾浩然之气。”看来一身浩然之气并非天上掉下来，也需要修炼，面对外界的诱惑能做到浩气长存，镇定自若。当真正诱惑出现的时候，不可能没有人围观。

庄子不屑为相，但在国之危难之际也是颇能发挥经邦纬国之才的。赵国的赵文王好剑术，喜欢打打杀杀的场面。于是上行下效，民间剑术大兴，到了农民不种地也要舞剑的地步。赵国渐渐衰落，其他诸侯国见机想攻打赵国。赵国太子听说庄子有才，可解决这个问题，让使者带着千金去求见。庄子看见千金很不悦，说，举手之劳何必要千金？后来庄子大谈三剑理论，使得赵王悔改，一心治理国家。一番理论挽救了一个君王。

品性的培养是一个过程，循序渐进，日益精进，会有收获。

【原典】锻者夏不畏烈火，渔者冬不畏寒冰，好名者不顾安危，耽欲者不顾生死。

【释评】铁匠夏天不怕烈火，打渔的人冬天不畏寒冰，好名的人不怕危险，沉湎于欲望的人不顾生死。

当一个人热衷于一件事的时候，就会变得无所畏惧。历史上很多人为了当上皇帝，无所不用其极。他们有的杀掉自己的儿子，比如武则天；有的杀死自己的父亲，比如隋炀帝；有的杀掉自己的兄弟，比如李世民；有的甚至需要杀掉所有反对他的人，比如明朝朱元璋的儿子朱棣。

但历史上也有一些很奇怪的人，他们不想争名逐利，只想过平静的生活，他们对争权夺利，你死我活根本不在乎，甚至被人夺去皇位也无所谓。

南唐李煜，人称"千古词帝"，可以说算皇帝里的弱者，词人里的天才。他有五个哥哥，怎么轮也轮不到他当皇帝，但时运巧合，他成了皇帝。他整日只爱填词，不爱天下事。当皇帝之前他过着诗一般的生活，当皇帝之后他还是过着诗一般的生活，后来亡了国，成了宋朝的囚徒，依然"故国不堪回首月明中，雕栏玉砌应犹在，只是朱颜改"。正是他的一首词惹恼了赵匡胤，赵皇帝认为他有谋反之心，一壶毒酒要了他的命。

可怜一代词帝，竟落得如此下场。可能正是因为热衷，因为沉溺，所以就变得无所求，变得无所畏。

【原典】贵贱有分，大小有量。分在天，贱不能贵；量在人，小不能大。君子修己以俟天，小人怨天而不度己。

【释评】人有贵贱的分别，气量有大小的不同。贵贱由天定，低贱的人是不可能高贵的；一个人的气量取决于自身，小人不可能拥有君子般的气量。所以君子完善自身以顺应天道，小人怨天尤人从不审视自己。

封建时代人分为三六九等，皇帝最高，称为天子，皇亲国戚大臣次之，再然后是平民，最后是奴隶。这种等级的划分是皇帝定的，他故弄玄虚，把自己标榜为天的儿子，自然自己最高，目的是维护他的统治。人本身并没有人格贵贱的分别，只有能力高低的区别，所以才说人生就是一场修行。

有的人修了一生，却还是老样子，当一天和尚撞一天钟。有的人不同，苦心钻研，终有一天会得道。释迦牟尼在菩提树下发下誓愿"我如果不圆成正等正觉的佛果，宁可碎此身，终不起此座！”历经48天，终于参悟。

真正的修行就能收获完善。

【原典】忧国者不谋身，周人者不私己。

【释评】为国事担忧的人不考虑自己，帮助别人的人不会自私自利。一个有胸怀格局的人，在成就事情的时候总是把自己置于次要的位置。

端午节人们纪念的是屈原，早年间屈原受楚怀王信任，在楚国担任左徒、三闾大夫，国事政事一把抓。他提倡“美政”，主张联合齐国，共同对抗强大的秦国。后来秦国的驻楚使者张仪贿赂了令尹子椒、上官大夫靳尚和楚怀王的宠妃郑袖，他们在怀王面前说屈原的坏话，导致楚王疏远了屈原，后来被赶出郢都，开始了流浪之路。

后来楚怀王遭秦国所骗，终生不能返楚。襄王即位，估计比他父亲更无知，屈原没有沾到一丝光，直接贬到江南。秦国大将白起攻打楚国，一直打到怀王的老家去，破了都城。屈原眼见复兴之路遥遥无期，遂自沉汨罗江。传说百姓为了不让鱼虾吃掉屈原的身体，向江里抛洒米果，因为那天是五月初五，以后每年的这个日子人们都要纪念屈原，因而有了中华民族的传统节日：端午。

我们佩服屈原的那种爱国情感，同时值得佩服的还有以屈原为代表的理想主义者忘我的情怀。

【原典】君子去取以是非，小人毁誉以好恶，君子合以同道，小人合以附己。

【释评】君子按照是非曲直判断事物，以道义为标准与人结交；小人根据自己的喜好来评价别人，与附和自己的人来往。

小人最擅长得是道人长短，说人是非，而且喜欢歪曲事实，陷害别人。君子又往往宽厚。南北朝人鲍邈之是梁太子萧统身边的一个太监，太子母亲病故，要做“生忌”（给已故之人做生日），派他值班。他擅离职守，跑去勾搭宫女，被太子撞见。萧统没有怪罪，他却反咬一口——在皇帝生病期间竟向皇帝告密，诬陷太子请道士作法咒皇帝早死，趁此登基。太子萧统无法辩白，抑郁而病，后来竟英年早逝，时年31岁。

有人说，想认识一个人，就看他跟什么样的人交朋友。所谓“物以类聚，人以群分”。如果某一天君子和小人走在了一起，那不是小人从良了，就是君子被同化了。

【原典】事无大小，理在其中，当理者，必能践其言而卒于成。理不当者，虽词穷力竭，而终于有画。

【释评】不管什么事情，都有一定的道理。懂道理的人，能够实践他所说的话，最终把事办成。不懂道理的人，竭力为自己找理由，终于理曲词穷，以失败收场。

东晋的时候发生了一件奇事：北方的前秦皇帝苻坚率领百万大军，南下攻打以谢安为总指挥的东晋王朝，却以失败告终。东晋却把国界线从江南一直推到黄河，赢得此后40多年的安静平和。

东晋丞相谢玄是主战派，他敢于以卵击石是因为他知道只要方法得当是有可能成功的。前秦是由北方几个民族融合而建立的国家，内部并不统一，后来还出了奸细；再加上领导者轻率发动战争，盲目南下，主力还没到就已经打了起来，不服水土的北方军人不善水战，想把战场转移到陆地的时候又中了东晋风声鹤唳、草木皆兵的计策。相比之下，东晋的情况则大不同，谢安把自己家的人安排在各个重要部门，他推荐自己的弟弟当了征讨大都督，侄子谢玄当了先锋，主力军在开战时已经经过7年的训练，同时利用主场优势，化用战术计策。

苻坚把兵家之大忌差不多都犯了，真正打仗拼的是头脑，不是猛劲儿。

【原典】孝弟忠信立身之大本，礼义廉耻行己之先务。

【释评】孝悌忠信、礼义廉耻是做人的根本。

不當者雖詞窮力竭而終於有晝

孝弟忠信立身之大本禮義廉耻行己之先務

竊富貴以巧者甚於穿窬殘性命以慾者過於焚溺

忠言似苦味之則有理捷徑似直行之則背道忠言難於求知直道惟可行己

藻嘗謂踐履之學見於日用其本在於正心誠意其效小用之以齊家大用之以治國平天下乃聖賢相授受之心法也河内李公太中先生著省心

“孝”即孝顺，对父母孝顺是我们每一个人首先要做到的，古代流传着“二十四孝”的故事。东汉董永卖身葬父，传说此举打动了玉帝的七姑娘，下嫁于他。而董永的家乡因其行孝感天动地而得名——孝感，从此这里以“孝”名天下，有“孝子昌盛”之说。

“悌”指悌敬，兄弟友爱，互相帮助。人们常说，兄弟就是手心和手背，挨打的时候，打在手心，疼在手背。孔融让梨让的何尝只是梨，而是一份兄弟情。

“忠”指忠诚，对国家和人民的忠诚。有国才有家，国泰民才安。古代文弱书生走向战场，奋勇杀敌的例子不少，有名的如辛弃疾。虽然是秀才去当兵，却一点也不含糊，笑马狂刀，马革裹尸。

“信”指取信于朋友。有人说，爱人是路，朋友是树。路只有一条，树却有很多，走在两边满是树的路上才不会孤单，更何况大树还能遮风避雨。

“礼”即礼节。中国被人称为“礼仪之邦”，中国人也以其彬彬有礼的风貌而著称于世。

“义”指义气，是一个人应有的正义感。这不是狭隘的小团体主义、哥们儿义气，而是站在事实真相的一面，在别人困难之际伸出双手。

“廉”指廉洁，没有贪欲之心。面对形形色色的视听冲击，一旦有了贪欲人会无所不用其极，何谈廉洁?

“耻”指羞耻之心。人贵有自知之明，知耻则近乎勇。

【原典】窃富贵以巧者，甚于穿窬；残性命以欲者，过于焚溺。

【释评】用机巧的手段窃取富贵的，比窃贼还卑劣；以欲望来伤害性命的，比施以水火的伤害还严重。

荣华富贵，当通过努力也得不到的时候，有的人就会选择去偷去抢，满足自己烟雾缭绕的欲望，而欲望一旦生根，就像热带雨林里大雨之后疯长的灌木。天空本来晴朗，何须自加乌云?人生本应平淡，何必生出无限欲望?

【原典】忠言似苦，味之则有理。捷径似直，行之则背道。忠言难于求知，直道惟可行己。

【释评】忠言有时逆耳，仔细想想却有道理。捷径看起来很方便，真正走的时候才发现背道而驰。直言的人难以找到知己，正道直行才能立身行事。

俗话说“顺情说好话，耿直讨人嫌”。这其实道出了人在生活中的无奈：与人相处要学会乖巧，揣摩对方心理，要有眼力见，别不识时务，真相和直言往往会让人不舒服。同时，我们从小受到的教育却是要做个心直身正的君子，追求真理，与人为善。这是多么矛盾的生活态度啊，看来做人真是不容易。

如果找一个成功的范例，宋朝的吕端可为代表。吕端表面上给人的印象糊里糊涂，所以当宋太宗决定任他为宰相时，有人就说：“端为人糊涂。”太宗却说：“端小事糊涂，大事不糊涂。”果如太宗所言，吕端在任上为官持重，识大体，比如他对待名臣寇准。他担心自己为相，身居副相的寇准会不满，就请太宗另下命令，让寇准和自己轮流掌印，领班奏事，并一同到政事堂中议事。过了一段时间，他还主动将相位让给了寇准，自己去当副相。这种主动让权的“糊涂”举动，却弥合了朝臣之间的嫌隙，使得大家同舟共济，勤勉国事，为君分忧。但在大是大非问题上，吕端却能坚持意见，正道直行。所以宋太宗常“犹恨任用之晚”。

吕端一生辅佐了三代帝王，在 40 年的政治生涯中几乎没有遭遇什么挫折，就在于他懂得进退，洞悉人情，同时心中毫无杂念，一切是非曲直之论断，皆出于忠纯的心地。

省心杂言原跋

跋一

藻尝谓践履之学，见于日用，其本在于正心诚意。其效小用之，以齐家，大用之，以治国平天下，乃圣贤相授受之心法也。河内李公太中先生着《省心杂言》一编以贻训子孙，始终不离乎孝弟忠信仁义道德之说，践履至到，发而为言，简而有法，与大学篇相表里，先生不以藻为愚，暇日出所藏，以相付授。窃怪子房跪而进履，老人夜半授以兵书，未免教以杀人。虽富贵可猎取，非藻所愿学焉。是书也，实圣贤心法，所寓如老子之言道德，圣人将有取焉。乃刋而集之，以公其传吁今之学者，文有余而实不足，涸源蹷本，能践其言者，鲜矣！微此书，何以见圣贤之心法也。夫门生右奉议郎、权通判兴元军府主管学事、兼管内劝农事、赐绯鱼袋马藻跋。

跋二

人有过，己必知之。己有过，岂不自知。喜是非者，检人。畏忧患者，检身。善哉言乎！此省心之要法也。李公生于太平之世，富贵之家，老于南迁之后，故其所自得者如此。嘉泰甲子二月戊午，江陵项安世谨书。

跋三

君子之学，必尽其心而后能知其性，然心难尽也。操则存，舍则亡，出入无时，莫知其乡，可畏也哉。今李氏之学省察之功，见于日用者如此，其殆庶几乎！嘉定壬申岁重阳节日，荆江乐章书。

跋四

先大父敷文平居自号《省心杂言》一编，皆箴规训戒之辞。耆冈儿童时尚及见，其手藁板行于蜀，名公鉅卿书其前后者，非一士大夫爱重之，以其本刋于池阳，于新安，皆以为大父之文也。嘉定戊辰耆冈调官都城，见书坊有刋小本鬻于市，以为林和靖之作，按和靖处士隐于西湖，以诗名，坡谷淮海，皆称道之。设有此书，诸公乐善好贤，岂不揄扬而赞美之。而和靖畧无一字自叙，一以为品题者，不知妄人俗子何所据而云。然甚可怪也。耆冈通守邵阳敬以旧本摹写，锓木以广其传，可以破流俗之惑。使来世鹖冠晏子春秋之疑，尚于是乎。可考嘉定壬申仲秋，孙奉议郎通判邵州军州、兼管内劝农营田事、赐绯鱼袋、权州事耆冈拜。手谨识景。

初四世祖提刑敷文，乃丞相文和公之介弟，生长太平中，更忧患，禀赋厚，而神气正识见逺，而界限明抱负伟，而发舒奇。经涉多，而酬应定人不知，其为贵人也。是以仕建绍间，历事三朝，险夷一节，叠被玉音，褒宠曰：朕知卿所至，有爱民之誉。又曰卿平素爱民。一时缙绅歆羡，年逾耳顺，力上挂冠之请。人以比汉二疏，优游林下，寿逾八袠，人以比洛中诸老。晚年书所见于坐右，凡数十条，以训子孙，名曰《省心杂言》。明白洞達，沉着痛快，杂之语录中莫辨。刋行已久，景初王父通守古邵，亦尝锓梓。不自意万里流落之余，徃蹇来连，连山水郡。唐韩昌黎、刘宾客我，宋濂溪周元公、南轩张宣公，或宦游，或客寄，辙迹犹香，膏馥沾匄，士皆希古。则是编，又且锓梓。昔五峯胡先生论通书之指，人见其书之约，而不知其道之大，见其文之质，而不知其义之精，见其言之澹，而不知其味之长。杂言以之东坡苏先生，作《王氏三槐堂记》。嘉其四世孙巩，好德而文，以世其家，景初愧焉。敷文公名与，字及出处大槩见诸太史氏书，墓今并刻之省心，乃其道号。文和公名邦彦，擢进士第一，实政和宰相云。景定三年，太岁壬戌良月朔旦，四世孙朝散郎知连州军州事、节制屯戍军马提举民兵、借紫李景初拜手谨跋。

《杂言》共二百二十八条。小子曾竻复之熟之旦夕。簭仕苍梧，在舆则见其倚于衡，犹以六经佐三尺法。下元日，景初又识。

图书在版编目（CIP）数据

省心杂言／（宋）李邦献著；于东新，陈启明释评.
—北京：经济日报出版社，2012.1
ISBN 978-7-80257-383-3

Ⅰ.①省… Ⅱ.①李… ②于… ③陈… Ⅲ.①个人—修养—中国—宋代 Ⅳ.①B825

中国版本图书馆 CIP 数据核字（2011）第 255711 号

省心杂言

作　者	李邦献
释　评	于东新　陈启明
责任编辑	申从芳
责任校对	韩会凡
出版发行	经济日报出版社
地　址	北京市西城区右安门内大街 65 号（邮编：100054）
电　话	010-63513524（编辑部）　010-63567683（发行部）
网　址	www.edpbook.com.cn
E-mail	jjrb58@sina.com
经　销	全国新华书店
印　刷	三河市世纪兴源印刷有限公司
开　本	710×1000 毫米　1/16
印　张	12.5
字　数	130 千字
版　次	2012 年 1 月第一版
印　次	2012 年 1 月第一次印刷
书　号	ISBN 978-7-80257-383-3
定　价	30.00 元